MAKE-UP, HAARE & NÄGEL

Inhalt

MAKE-UP.................................... 4
GRUNDIERUNG........................ 8
LIDSCHATTEN...........................12
SCHÖNE LIPPEN......................18
WERDE STYLISCH...................20
HAARE.......................................26
HAARE WASCHEN.................28
HAARFARBE..........................34
HÄNDE & FÜSSE...................44
VERWÖHNE DEINE NÄGEL....50
FOTO-SPASS...........................60
ÜBER DIE AUTOREN..............62

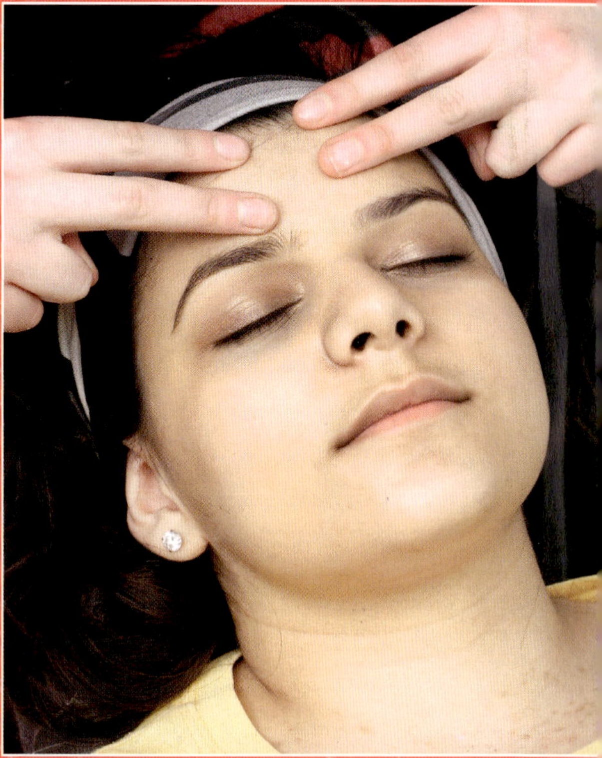

Lipgloss! Eyeliner! Her damit! Ich würde mich so gerne mal nach Herzenslust schminken, aber mein Vater würde sicher ausrasten. Dabei möchte ich gar nicht zu verrückt aussehen, sondern einfach nur das eine oder andere mal ausprobieren.

Make-up

Am liebsten möchte ich ja ganz natürlich aussehen, aber halt einen Tick besser als in Natur. Also, als hätte ich gar keinen Aufwand betrieben. Aber wie schafft man das? Kann man sich mit Rouge, Lidschatten und Lippenstift schminken, ohne wie ein Clown zu wirken? Und welche Farben würden mir überhaupt stehen?

Wie siehst DU denn aus???

Es gibt drei Gründe, sich zu schminken:
1. Um sich besser zu fühlen, weil man besser aussieht.
2. Um kleine Hautunreinheiten zu verdecken.
3. Um auf andere attraktiver zu wirken.

Okay, der dritte Grund leuchtet jedem ein. Auch Grund 2 ist ziemlich offensichtlich. Aber wirklich wichtig ist der erste, der gewissermaßen am wenigsten von Eitelkeit geprägt ist. Wenn man sich in seiner Haut wohl fühlt, steigt das Selbstvertrauen nämlich enorm. In diesem Kapitel geht es um die Grundlagen des Schminkens – welchen Zweck es hat, wie man Make-up auflegt, wem welche Farben stehen und wie Schminken richtig Spaß macht.

OKAY, ÄHM ... WIE VIEL MAKE-UP SOLLTE ICH TRAGEN?

Das kannst nur du selbst entscheiden und vielleicht musst du es mit deiner Mutter (und deinem Vater) aushandeln. Eltern sind in aller Regel nicht davon begeistert, wenn sich ihre jungen Töchter schminken, und falls deine Mutter selbst kein Make-up trägt, wird sie dich erst recht nicht dazu ermutigen.
Es hängt aber auch davon, ob du in die Schule gehst, zu einer Party oder zum Sonntagskaffee mit deinen Großeltern. Und nicht vergessen: Es gibt kein Gesetz, das dir vorschreibt, dass du dich überhaupt schminken musst.

Was kommt zuerst?

Gleichmäßiger Teint: Rötungen und Hautunreinheiten mit einem Abdeckstift, einer getönten Tagescreme oder einer Grundierung kaschieren.

+

Frische Wangen: Falls du Rouge, einen Bronzepuder oder Highlighter benutzen willst, kommt das als Nächstes.

+

Augen hervorheben: Lidschatten und Eyeliner auftragen – oder nur Wimpern kurz mit dem Mascara tuschen.

+

Lippen betonen: Farbigen Lippenstift oder ein Gloss auftragen, oder die Lippen einfach mit etwas Lippenbalsam zum Glänzen bringen.

=

Make-up ist keine exakte Wissenschaft. Was bei dir super aussieht, kann bei deiner Freundin total daneben wirken (und umgekehrt!). Hier zwei Tipps von der bekannten Star-Visagistin Louise Conrad.
Sie scheinen sich zu widersprechen, treffen aber beide zu:
1. Sei mutig: Probiere alles aus, was dich reizt. Einem jungen Mädchen steht im Grunde alles, also kann es sich so gut wie alles leisten.
2. Schon ganz wenig Make-up kann total übertrieben wirken. Trage immer nur so viel, dass du dich damit wohl fühlst. Zwei Augen zu haben, bedeutet nicht automatisch, dass du unbedingt Lidschatten tragen musst ...

Grundierung

Keine meiner Freundinnen benutzt eine Grundierung, und wenn ich eine ausprobiere, wirkt mein Gesicht wie eine starre Maske.

Wozu ist eine Grundierung gut?
Mit diesem dezenten Make-up wirkt dein Teint glatter und ebenmäßiger. Vermutlich brauchst du das aber gar nicht – oder nur an einigen Stellen, wo es nur leicht verstrichen wird. Grundierung gibt es in vielerlei Ausführungen, von leichten Gels bis hin zu dicken Pasten. Für junge Haut ist eine eher flüssige Grundierung am besten geeignet, die sich leicht auftragen lässt und die Haut nicht zukleistert. Den gleichen Zweck – nur weniger deckend – erfüllt eine getönte Feuchtigkeitscreme. Wer lediglich ein paar Hautunreinheiten hat, braucht nur einen Abdeckstift.

Welche Farbnuance soll ich wählen?
Ist dein Hautton eher „warm" oder eher „kühl"? Das steht in enger Beziehung zu deiner Hautfarbe.

Wie finde ich meinen Hautton heraus?
Halte etwas Goldfarbenes und anschließend etwas Silbernes an dein Gesicht (zum Beispiel Schmuck oder ein Stück Stoff). Bei genauem Hinsehen lässt dich eins davon strahlender und wacher, das andere eher müde und blass wirken. Steht dir Gold besser, hast du einen „warmen" Hautton, bei Silber einen „kühlen".

Okay, und was bedeutet das nun?
* Cremes und Abdeckstifte, die eher ins Rosafarbene gehen, wirken auf einer „kühlen" Haut natürlicher.
* Bei einem „warmen" Hautton ist ein Make-up-Produkt mit einer Nuance ins Gelbliche besser geeignet. Gib zum Testen ein wenig auf die Wange und schau, wie es mit deiner Haut „verschmilzt".

Soll ich noch Puder darüber auftragen?
Nur, wenn deine Haut sehr fettig ist und nach kurzer Zeit anfängt zu glänzen. Gesichtspuder gibt es lose oder gepresst. Beide verleihen dem Gesicht einen samtmatten Teint. Puder wirkt manchmal ein wenig maskenhaft – die meisten bevorzugen einen frischen, strahlenden Look.

Wie trägt man Puder auf?
* Mit einem dicken, superweichen Puderpinsel.
* Mit dem Pinsel den Puder auffnehmen und die überschüssige Menge leicht abklopfen.
* Mit leichten Strichen auf Wangen, Nase und Stirn verteilen.

Wie trage ich die Grundierung auf?

Entweder mit einem Schwämmchen, mit einem speziellen Grundierungspinsel oder ganz einfach mit den Fingern auftragen (durch die Wärme verbindet sich das Produkt besonders gut mit der Haut).

1. Gesicht reinigen, etwas Feuchtigkeitscreme auftragen und kurz einziehen lassen.

2. Etwas Grundierung in die Gesichtsmitte tupfen und (mit den Fingerspitzen) von der Nase aus gleichmäßig nach außen verteilen.

Tipps

Für kleine Unreinheiten genügt der Abdeckstift – das sieht viel natürlicher aus, als gleich das ganze Gesicht zu bedecken. Mit dem Abdeckstift lassen sich zum Beispiel dunkle Augenringe „wegtupfen". Anschließend mit den Fingerspitzen sanft etwas Feuchtigkeitscreme darüber verstreichen, damit die Abdeckfarbe gut mit der Haut verschmilzt und nicht maskenhaft wirkt. Der Abdeckstift sollte die gleiche Farbe haben wie deine Haut (im Zweifel eine Nuance heller nehmen).

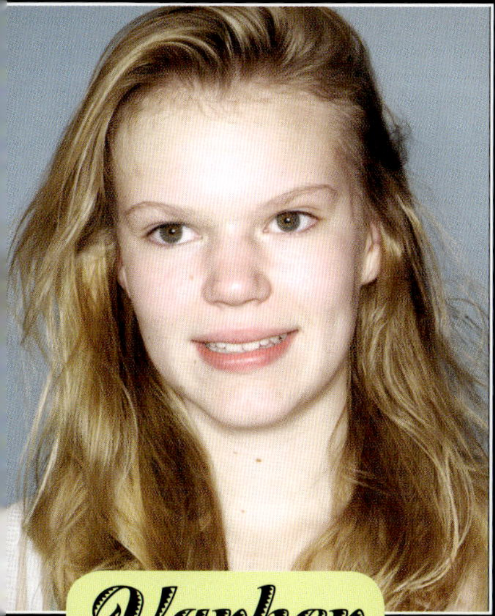

Vorher

Nachher

Rouge

Das Problem mit Rouge ist, dass es entweder überhaupt nicht zur Geltung kommt oder ich total angemalt wirke. Ich weiß, dass es die Wangen frisch und rosig machen soll aber wie kriege ich hin, dass es ganz natürlich wirkt? Und wie finde ich den richtigen Farbton? Hilfe!

Wozu nimmt man Rouge eigentlich?

Um den Wangen einen sanften Hauch von Farbe zu verleihen – so, als hätte man gerade ein bisschen Sport an der frischen Luft getrieben.

Wenn ich Rouge auf meine Wangen auftrage, wirkt mein Gesicht noch dicker.

Trage das Rouge so auf, dass es in Richtung der Gesichtskanten verläuft, dann wirken die Wangen nicht so füllig.

Kann man zwei Rougetöne verwenden, um die Wangenknochen zu betonen und die Nase schmaler wirken zu lassen?

Das geht, aber das überlässt man besser den Profis. Meistens geht es schief, und man sieht aus wie ein Streifenhörnchen.

So wird Rouge aufgetragen

Am besten beginnst du mit einem Produkt auf Gel- oder Cremebasis.

Lächel und tupf etwas Rouge auf die dabei hervortretenden Rundungen und verwisch es sanft zu den Gesichtskanten hin. Tritt einen Schritt vom Spiegel zurück und schau, ob es auf beiden Seiten gleichmäßig ist.

Und wie ist das mit Puderrouge?

Streiche mit dem Pinsel über den Puder, klopfe dann überschüssige Partikel ab. Lächel, trage die Farbe über die Wangen in Richtung Haaransatz auf und verwische sie dabei leicht. Das geht am besten mit einem dicken, abgerundeten Puderpinsel, der das Pulver verteilt und keine Farbflecken auf der Haut hinterlässt.

Ich habe gelesen, man soll Rouge auf die Nasenspitze auftragen. Wie mach ich das?

Das ist ein pfiffiger Trick, um breite Nasen schmaler aussehen zu lassen, und gibt dem Make-up den letzten Kick. Einfach etwas Puderrouge oder Bronzer auf Nasenspitze, Kinn und auf die Schläfen pinseln – dort, wo die Stirn an den Haaransatz grenzt.

ROUGE FAKTEN

WELCHE VARIANTEN GIBT ES?
CREME: Kräftige Farben, die gut verstreichbar sind.
GEL: Leichte, frische Farben; lässt sich superleicht auftragen und verteilen.
FLÜSSIG: Passend zur Lippenfarbe kann das sehr natürlich aussehen, wandert aber leicht überall hin.
PUDER: Einfach und gezielt aufzutragen – am besten mit einem dicken, weichen Pinsel.

WELCHE FARBE?

Hängt von deinem Hautton ab:

OLIVFARBENE HAUT: Rosafarbene, pinkbraune Nuancen.

HELLE/MITTELHELLE HAUT: Pfirsich- oder Pinktöne.

DUNKLE/SCHWARZE HAUT: Dunklere Pflaumen- oder Brauntöne.

Du wirst merken, wenn der Farbton „stimmt" – und zwar daran, dass du toll und ein wenig frischer aussiehst!

Lidschatten

Ich weiß schon, zu viel davon sieht unmöglich aus, aber ich will einfach mal das eine oder andere ausprobieren!

Wo trägt man Lidschatten auf? Klar, auf den Lidern, aber nur über den Wimpern? Oder überall? Und wie viel?
Da gibt es keine festen Regeln – finde selbst heraus, was dir am besten steht. Trage erstmal etwas Farbe vom Wimpernansatz bis zur Lidfalte auf. Na, wie sieht das aus? Vielleicht noch etwas mehr bis zu den Augenbrauen hoch? Aber mit Gefühl – zu viel wirkt leicht zu knallig. Probiere es auch mal mit etwas Farbe um die Augenränder herum und unter dem unteren Wimpernkranz.

Warum setzen manche einen gold- oder silberfarbenen Punkt in den inneren Augenwinkel?
Das ist ein Profitrick. Der Punkt fängt das Licht ein, so dass die Augen besonders lebendig und weiter auseinander stehend wirken.

Tipp

Halte ein Kosmetiktuch unter dein Auge, wenn du dunklen oder glitzernden Lidschatten aufträgst. Dann wird jedes Staubkorn des Lidschattens auf das Tuch fallen, anstatt an deiner Wange zu kleben.

Der passende Lidschatten für deine Augenfarbe

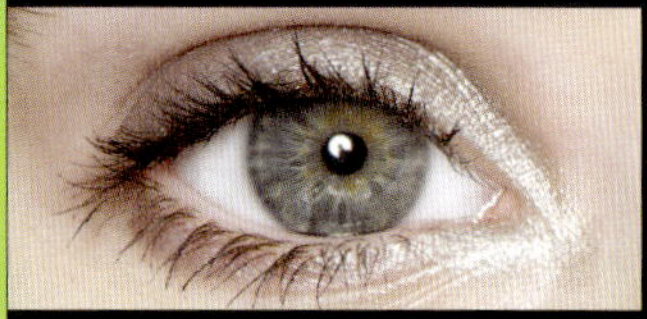

Blaue Augen

Silber (links) oder Hellblau (rechts) wirken jeweils ganz unterschiedlich. Außerdem: Grau-braun, Lila, Bronze und Gold.

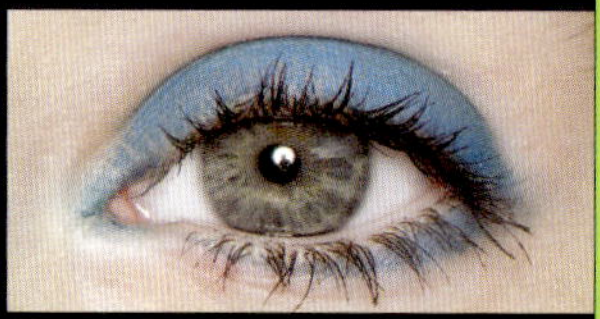

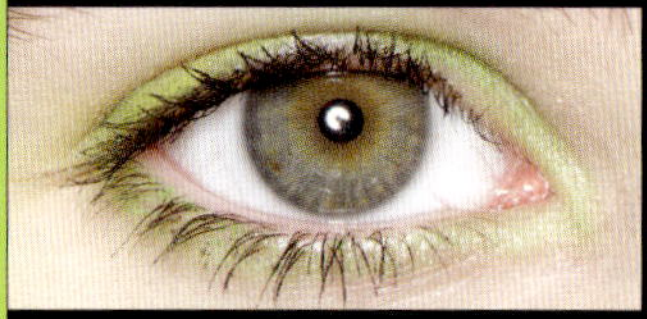

Grüne Augen

Dir stehen Hellgrün (links) oder Lila und Dunkelgrün (rechts). Außerdem: Flieder-, Purpur-, Gold- und Brauntöne.

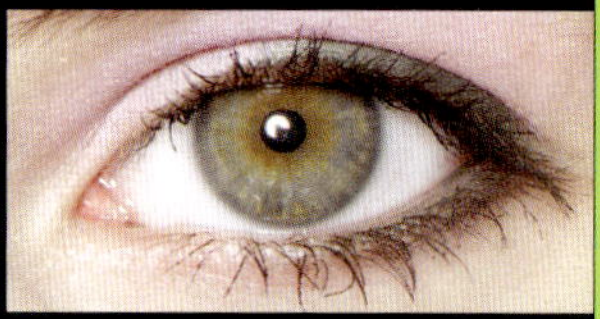

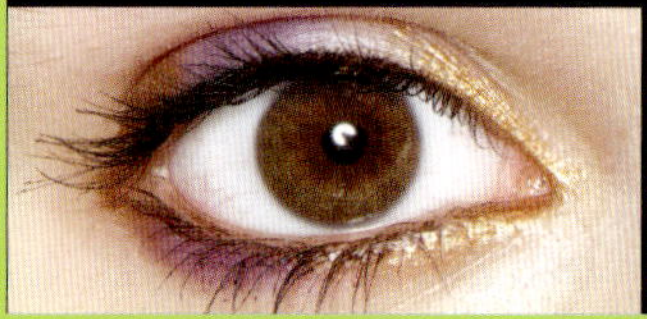

Braune Augen

Probier mal Gold und Lila (links) oder ein helles Gold (rechts). Außerdem: im Prinzip alles von Schokobraun bis Hellblau.

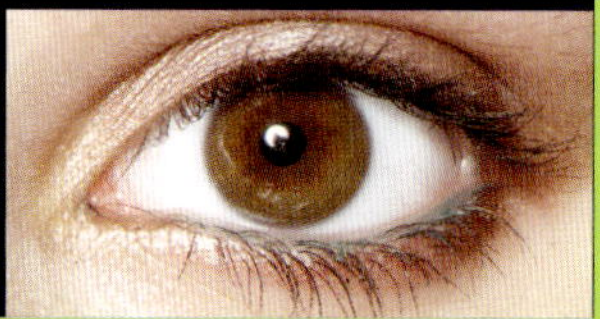

Eyeliner

Ich hatte immer Angst, mit Eyeliner wie ein Gothic auszusehen, bis ich den Bogen raus hatte, wie man den Strich wirklich nur auf den Wimpernrand pinselt. Inzwischen LIEBE ich Eyeliner, aber irgendwie ist die Wirkung halt immer dieselbe. Gibt's da nicht ein paar neue Ideen?

Welcher Eyeliner funktioniert am besten?

Der, mit dem du am besten zurechtkommst.
Kajalstift: Super einfach aufzutragen, macht kräftige oder zarte Linien. Kajalstifte von guter Qualität sind weich und leicht verwischbar.
Gel-Eyeliner: Wird mit einem Bürstchen aufgetragen, braucht also etwas mehr Übung. Das Ergebnis ist eine saubere, präzise Linie.
Flüssiger Eyeliner: Erfordert eine ruhige Hand und ergibt eine dicke, kräftige Linie, die nach dem Trocknen lange haften bleibt.

Wie bekomme ich es hin, dass der Lidstrich bei beiden Augen gleich aussieht?

Selbst Visagisten sagen, dass das keine leichte Sache ist – Übung macht den Meister. Oder lass dir von einer Freundin helfen.

Augen mit Eyeliner betonen

✱ Kleine Augen wirken größer, wenn man gezielt die Außenwinkel betont. Den Eyeliner also nicht ganz ringsherum auftragen, das verkleinert die Augen!

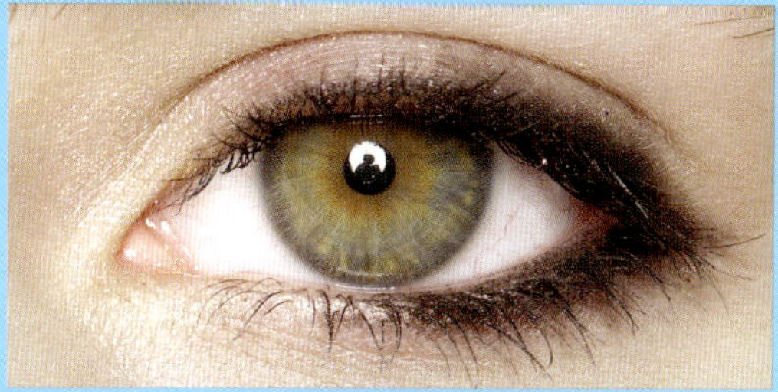

✱ Mit dem gleichen Trick kann man extrem runde Kulleraugen optisch verlängern.

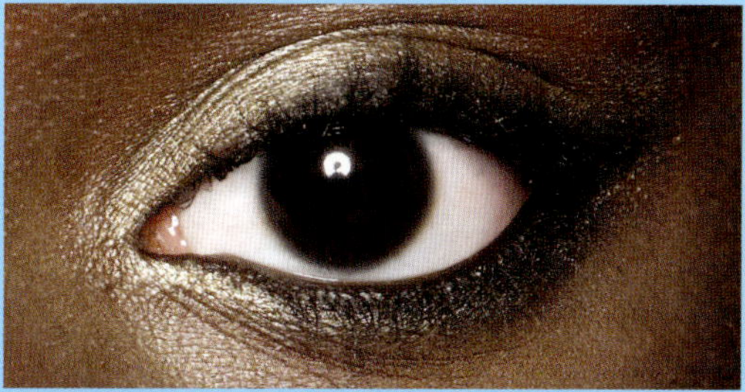

✱ Ein sanfter goldfarbener Strich in den Innenwinkeln hellt auf und lässt die Augen wacher wirken.

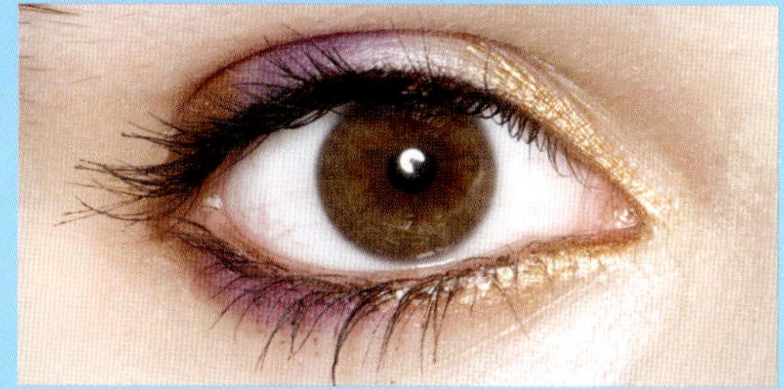

Neun Eyeliner-Looks zum Ausprobieren

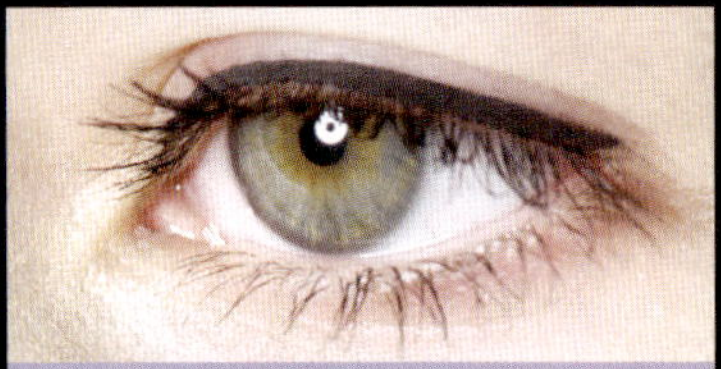

Natürlich
Mit einem gespitzten Kajalstift eine dünne Linie auf den oberen Wimpernkranz malen und leicht verwischen – zum sanften Betonen der Augen.

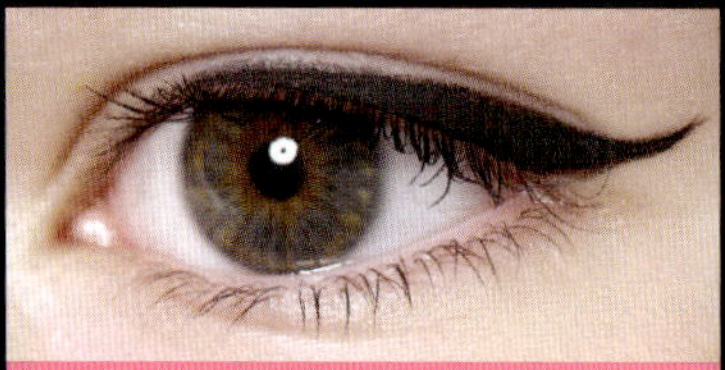

Back to the Sixties
Eine dicke, aufregend geschwungene Linie auf dem Oberlid, direkt über den Wimpern, mit einem schwungvollen Ausläufer nach oben. Am besten mit Flüssig-Eyeliner.

Mandelaugen
Setzt die Augen ganz besonders in Szene. Die Linie im Innenwinkel des Oberlides dünn beginnen und am äußeren Winkel präzise abschließen.

Zirkusmädchen
Mit Flüssig-Eyeliner erst auf dem Oberlid, dann auf dem Unterlid schwungvolle Sixties-Linien pinseln und mit Pünktchen und zusätzlichen Linien ausgestalten.

Hippie-Look
Dekorative Linien über die Augenwinkel hinausziehen und farbige Punkte und Kreise hinzufügen. Eine Linie am Unterlid dient als farbliche Abrundung.

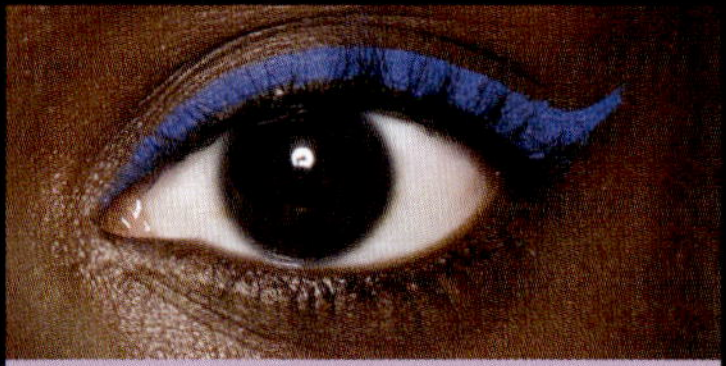

Einfach cool
Mit Flüssig-Eyeliner eine schwungvolle, kräftige Linie in einer leuchtenden Farbe auf das Oberlid pinseln und in einem schwungvollen Bogen enden lassen.

Pharao-Look
Wirkt ägyptisch. Die stumpf-endende Form mit einem Kajalstift vorzeichnen und mit einem Flüssig-Eyeliner ausmalen.

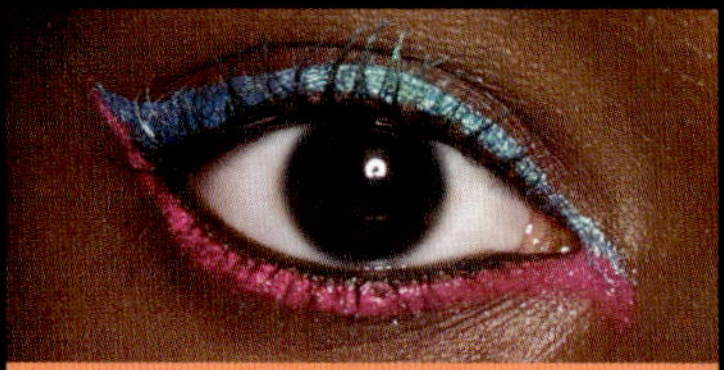

Wow-Effekt
Die Augen mit einem Kajal knapp am oberen und unteren Wimpernkranz entlang in möglichst leuchtenden Farben und kräftigen, schwungvollen Linien betonen.

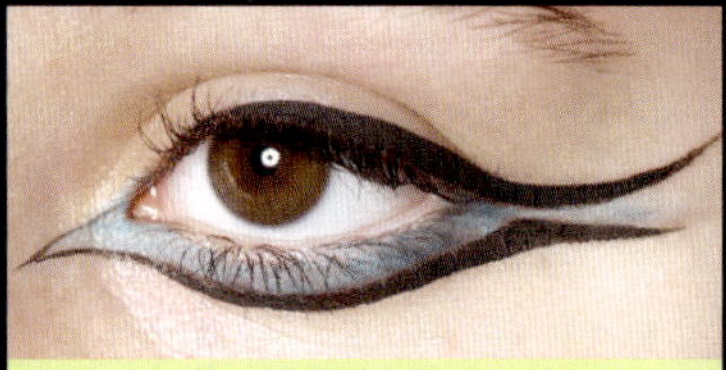

Kleopatra-Look
Schwarze Linien mit Flüssig-Eyeliner pinseln und mit einem Wattestäbchen die Konturen glätten. Den Zwischenraum mit einem gespitzten Kajalstift ausfüllen.

Eyeliner-Tipps

* Zum Üben setzt du dich am besten an einen Tisch und stützt den Ellbogen auf, dann gibt es keine Zitterpartie.
* Bevor du einen Flüssig-Eyeliner benutzt, solltest du die Linie mit einem Stift skizzieren, bis sie richtig verläuft. Dann erst mit dem flüssigen Eyeliner nacharbeiten.
* Bist du blond oder hellhäutig, wirkt ein dunkelgrauer, brauner oder grüner Eyeliner vielleicht nicht so hart wie ein schwarzer.
* Auf dem Unterlid etwas sparsamer auftragen: Zu viel davon lässt die Augen meist kleiner wirken.
* Flüssig- oder Gel-Eyeliner erst trocknen lassen bevor du die Augen wieder öffnest, sonst verschmierst du die sorgsam aufgetragene Farbe auf dem Oberlid.
* Nimm dir genügend Zeit. Patzer lassen sich am leichtesten mit einem Kosmetiktuch oder einem Wattestäbchen wegwischen, das du vorher mit Make-up-Entferner befeuchtet hast.

Tipp

Wenn du mit einem Kajalstift arbeitest, das Augenlid straff ziehen und die Farbe sorgfältig auf den Wimpernansatz auftragen. Auf diese Weise verläuft die Linie schön dicht am Wimpernrand entlang und es sieht nicht so aus, als hättest du dir nur Ringe um die Augen gemalt.

Mascara

Wie trage ich Mascara auf, ohne dass er verschmiert?

Überschüssige Tusche am Mascarabürstchen an einem Kosmetiktuch abwischen. Dann das Bürstchen mit kleinen Zick-Zack-Bewegungen von den Ansätzen bis zu den Spitzen über die oberen Wimpern führen. Anschließend auf die gleiche Weise die unteren Wimpern tuschen.

Muss ich die Wimpern zweimal tuschen?

Nur, wenn die Tusche sehr dünnflüssig ist, oder wenn du einen besonders dramatischen Look erzielen willst.

Und wenn schon eine Schicht viel zu auffällig wirkt?

Du musst ja nicht unbedingt Schwarz nehmen (das bildet immer einen harten Kontrast, außer bei dunkelbraunen oder schwarzen Haaren). Es gibt Mascara auch in Braun und anderen Farben. Finde heraus, was dir am besten steht.

Tipps

Bevor der Mascara trocknet, halte einen Finger quer vor jedes Auge und blinzle ein paarmal, um überschüssige Krümelchen abzustreifen. Du kannst auch auf die bereits getuschten Wimpern einen andersfarbigen Mascara auftragen – aber nur auf die Spitzen!

Smokey Eyes

(ganz einfach)

WAS DU BRAUCHST:

- Augen-Make-up-Grundierung – nicht zwingend notwendig, aber der Lidschatten haftet dann besser
- Lidschatten in deiner Lieblingsfarbe
- Lidschatten-Pinsel
- Alten, aber sauberen Mascara-Stift
- Feiner Brauen- oder Lidschattenpinsel
- Eyeliner-Stift
- Mascara

1 Verreibe einen kleinen Klacks Grundierung auf den Oberlidern oder tupfe die Lider mit einem feuchten Tuch ab, um sie fettfrei zu machen (andernfalls ist der Lidschatten vielleicht schon nach einer Stunde wieder weg).

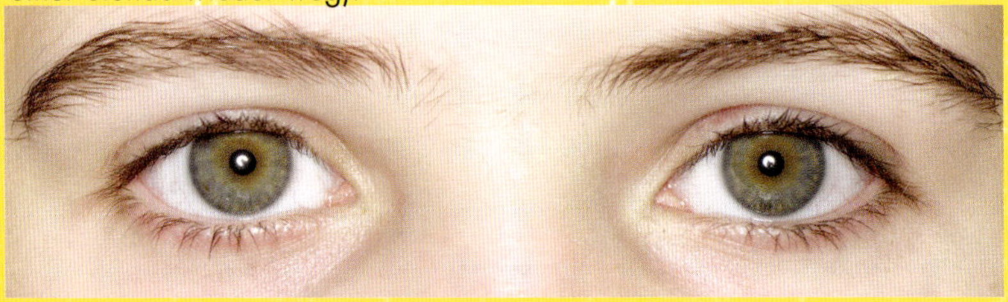

2 Verteile mit dem Pinsel reichlich Lidschatten auf jedem Augenlid, vom Wimpernrand bis zur Lidfalte. Verwische dann die Farbe mit einem Wattestäbchen, sodass sie in Richtung Augenbrauen und zum äußeren Augenwinkel hin allmählich verblasst.

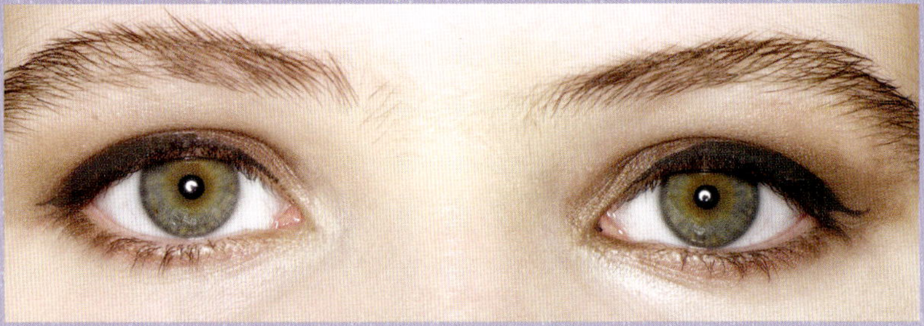

3 Akzentuiere die Augenbrauen mit dem alten Mascara. Trage dann etwas Lidschatten am unteren Wimpernansatz entlang auf. Tusche die Wimpern und betone die unteren Innenlider mit Eyeliner. Voilà – Smokey Eyes!

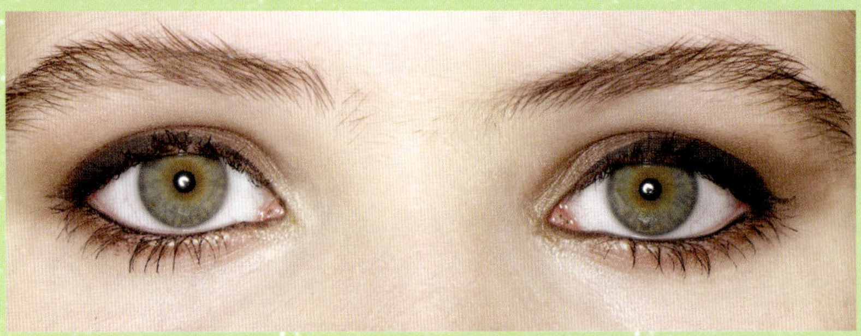

Schöne Lippen

Ich trage gerne Lippenstift, aber irgendwie sieht das bei mir immer zu grell und auffällig aus. Sollte ich vielleicht nur Gloss nehmen?

Benutze ich den falschen Lippenstift?
Wahrscheinlich liegt's an der Farbe und an der Konsistenz. Kräftige Rot-, Braun- oder Pinktöne sind eher was für Erwachsene – in einem jugendlichen Gesicht wirken Lila- oder Pfirsichtöne viel frischer und peppiger. Manche Lippenstifte sind eher zäh und wachsartig, da wirkt man leicht „wie angemalt". Versuch es mal mit einer eher schimmernden oder glänzenden Ausführung.

Brauche ich zusätzlich einen Lipliner?
Nur, wenn du eine super-präzise Umrandung willst. Harte Lippenkonturen lassen ein Gesicht meist älter wirken (allerdings nicht im positiven Sinne). Bei jungen Mädchen sieht es besser aus, wenn die Lippenfarbe ganz einfach aufgetragen wird.

Wozu braucht man denn dann Konturenstifte?
Um die Lippenkonturen zu betonen. Man zeichnet erst die äußeren Ränder und füllt die Lippen dann mit Lippenstift aus. Manche zeichnen die Ränder weiter außerhalb, damit ihre Lippen voller wirken. Mach das bloß nicht! Das sieht nie gut aus, es sei denn, ein Profi-Visagist ist am Werk. Und selbst dann wirkt es nicht natürlich.

Was für Tricks haben Visagisten denn sonst noch so auf Lager?
Man kann in der Mitte der Oberlippe knapp außerhalb des Randes etwas weißen Kajalstift auftragen (eventuell etwas verwischen). Dieser Fleck fängt das Licht ein und lässt die Lippen voller wirken. Oder du tupfst etwas Gloss auf die Mitte der Unterlippe – das hat einen ähnlichen Effekt.

Im Winter werden meine Lippen immer ganz rau. Wie kann ich sie weich halten?
Die Lippenhaut ist sehr dünn und trocknet daher leicht aus. Du kannst deine Lippen mit einer trockenen Zahnbürste sanft massieren und dann einen guten Lippenbalsam auftragen – so bleiben sie schön weich.

Stimmt es, dass man nach Lippenbalsam süchtig werden kann?
Manche sagen, wenn man zu viel davon benutzt, können die Lippen sich nicht mehr selbst mit Feuchtigkeit versorgen. Das stimmt bis zu einem gewissen Grad. Aber du brauchst dir ja nicht ständig die Lippen einzucremen – tu es nur, wenn es notwendig ist.

Darf man Vaseline als Lipgloss verwenden? Ich hab gehört, dass das ganz schlecht sein soll.
Ist es auch. Vaseline wird aus fettigen Rückständen bei der Erdöldestillation gewonnen. Einerseits schützt es die Lippen sehr effektiv und verhindert Feuchtigkeitsverlust – andererseits „versiegelt" es sie auch, so dass die zarte Lippenhaut nicht mehr „atmen" kann.

Lippen-Tricks

Natürliche Lippen

DAS BRAUCHST DU: ✱ Lippenfarbe oder Lippenstift (oder Rouge) ✱ einen sauberen Finger ✱ Kosmetiktuch ✱ Klaren Gloss: Die Farbe mit den Fingerspitzen auftragen. Lippen sanft auf ein Kosmetiktuch pressen, um überschüssige Farbe abzunehmen. Mit Gloss betupfen.

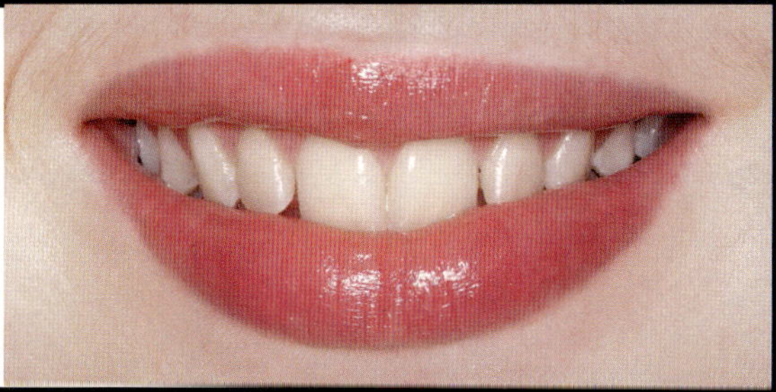

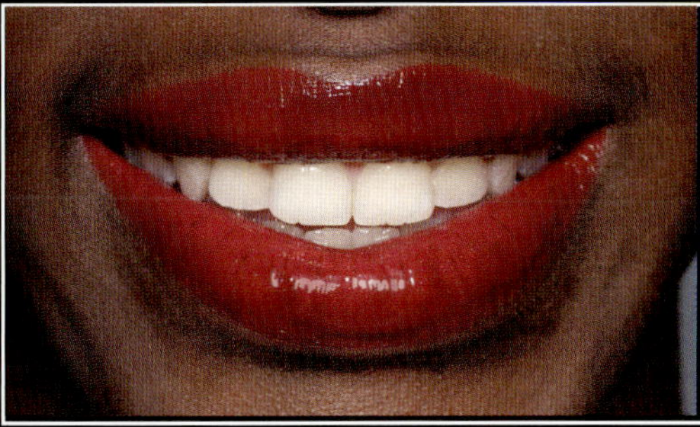

Volle Lippen

DAS BRAUCHST DU: ✱ Konturenstift oder Lippenstift und Lippenpinsel ✱ Kosmetiktuch ✱ Klaren Gloss:
Die Lippenränder nachziehen – geht mit dem Konturenstift oder einem Pinsel besonders präzise. Farbe auftragen. Lippen sanft auf ein Tuch pressen. Eine weitere Farbschicht aufmalen. Lippen wieder abtupfen, dann Gloss auftragen.

Elegante Lippen

DAS BRAUCHST DU: ✱ Lippenstift ✱ Lippenpinsel ✱ Kosmetiktuch: Mit dem Pinsel die Konturen sauber nachziehen, dann die Farbe auf die Lippen auftragen. Lippen auf ein Kosmetiktuch pressen (dann hält die Farbe länger auf den Lippen). Noch eine weitere Farbschicht auftragen, dann etwas Gloss darüber – und voilà: superschöne Lippen!

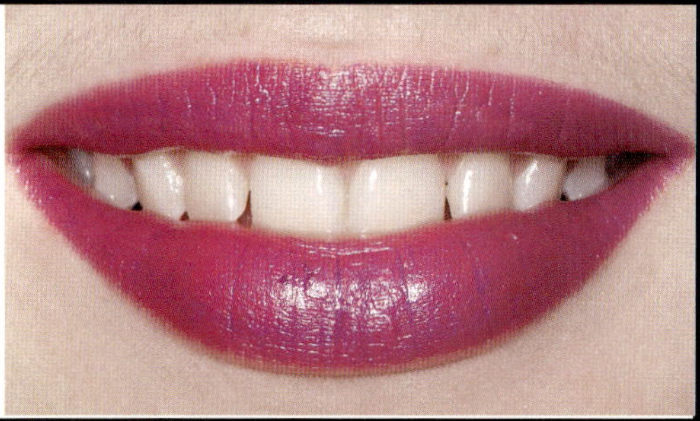

Erdöl ... igitt, das ist doch dann überhaupt nicht umweltfreundlich, oder?
Genau. Erdölchemikalien richten zwar auf der Haut keinen Schaden an, aber es handelt sich um rein künstliche Produkte. Zum Glück gibt es jede Menge natürlicher Alternativen.

Tipp

Hast du einen Look entdeckt, der dir wirklich gut steht – z.B. volle Lippen oder einen Trick mit dem Eyeliner – dann probier das mit unterschiedlichen Farben aus, jeweils passend zu deinen Outfits.

Make-up für dunklere Haut

Die Grundprinzipien sind die gleichen, aber gibt es da noch ein paar Tipps und Tricks?

Grundierung

Finde einen Ton, der deiner Hautfarbe am nächsten kommt, aber verwende ihn sparsam (z.B. um Augenringe oder kleine Hautunreinheiten zu kaschieren). Die Haut soll über das ganze Gesicht möglichst gleichmäßig aussehen. Je dunkler deine Haut, desto mehr Grundierung kannst du verwenden, ohne dass es unnatürlich wirkt – aber bitte nicht übertreiben! Für fettige Haut solltest du eine matte Grundierung wählen; darauf halten auch andere Make-up-Produkte länger.

Rouge

Du brauchst nicht unbedingt zu dunklen Rot- oder Pflaumentönen zu greifen, obwohl man dir diese in der Kosmetikabteilung automatisch anbieten wird. Rote Rougetöne wirken immer leuchtend, selbst auf sehr dunkler Haut. Am besten wirkt eine Farbe, die zwei Nuancen dunkler ist als dein Teint – probier's mal mit Terrakotta oder Brauntönen. Oder wie wäre es mal mit einem ganz anderen Look – z.B. einem hellen Pink? Du findest diese Idee spontan vielleicht völlig gaga, aber es kann echt toll aussehen!

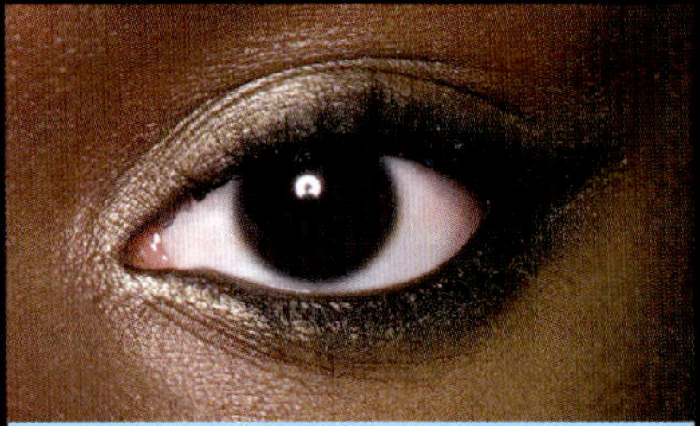

Augen

Schwarzer Eyeliner funktioniert bei jedem Auge und egal, wie man ihn verwendet – ob rauchig verwischt oder als präzise Linie – es sieht immer toll aus. Eine Linie mit dem Kajalstift an den Innenlidern entlang betont die gesamte Augenform. Lidschatten sind eine andere Sache – nur weil kräftige Farben auf deiner Haut toll herauskommen bist du nicht automatisch darauf beschränkt. Gold, Bronze oder silbrige Töne wirken ebenfalls super und knallen nicht so.

Augenbrauen

Wenn du deine Augenbrauen mit einem Augenbrauen- oder Lidschattenstift betonen möchtest, solltest du nicht zu Schwarz greifen, sondern lieber zu einem Ton, der eine Nuance heller ist als deine Brauen. Das wirkt viel natürlicher als hartes Schwarz.

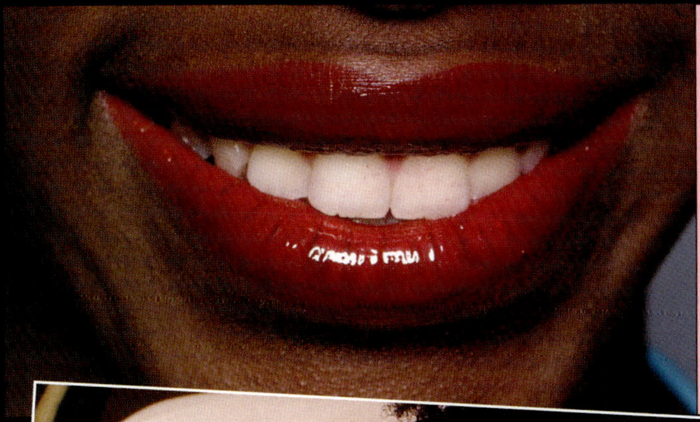

Lippen

Du kannst es dir leisten, auch mal mit dunkleren Kirschtönen oder Schokobraun zu experimentieren, ohne dass deine Lippen wie verschrumpelte Dörrpflaumen wirken. Bei helleren Tönen ist dagegen Vorsicht angesagt, sonst wirken deine Lippen so dominant, dass man dein übriges Gesicht gar nicht mehr sieht. Sei auch mit Lipliner eher sparsam – es sei denn, deine Lippen haben fast dieselbe Farbe wie deine Haut: Dann solltest du sie betonen.

Tipp

„Den richtigen Look und die passenden Farben für sich zu finden, hat mehr mit der Persönlichkeit als mit der Hautfarbe zu tun", meint Louise Conrad. „Wenn du ein eher ruhiger und zurückhaltender Typ bist, wirst du nie zu grellen Farben greifen – ganz egal, wie super sie dir stehen würden."

Werde stylish

Wie du natürlich bleibst und trotzdem schöner wirst

WAS DU BRAUCHST:
✱ Abdeckstift oder getönte Tagescreme ✱ Rouge ✱ Mascara ✱ Lipgloss

1. Mit einem Hauch Tagescreme zunächst einen ebenmäßigen Teint zaubern (aber nur, falls erforderlich). Rötungen oder Pickel mit dem Abdeckstift kaschieren.
2. Etwas Rouge auf die Wangen auftragen und nach außen hin sanft verwischen.
3. Wimpern tuschen – einmal genügt.
4. Jetzt noch etwas Lipgloss auf die Lippen tupfen – und fertig!

Natürlich

Wie du ein aufregendes Party-Make-up bekommst

WAS DU BRAUCHST:
✱ Augen-Make-up-Grundierung ✱ Highlighter ✱ Glitzer- oder Metallic-Lidschatten ✱ Lidschatten-Pinsel ✱ Farbigen Eyeliner ✱ Mascara ✱ Lipgloss, nur zart gefärbt und leicht glänzend

1. Die Grundierung sanft verreiben.
2. Highlighter auf die oberen Wangenknochen auftupfen. Lächeln, damit die Wangenrundungen hervortreten. Dort den Highlighter auftragen und nach oben und außen hin verwischen.
3. Mit den Fingerspitzen knapp unter jedem Augenbrauenbogen und auf dem oberen Teil des Lids etwas Highlighter auftragen (wirkt als Lichtfänger und lässt das Auge strahlender wirken).
4. Lidschatten auf jedes Augenlid aufpinseln. Einen besonders kräftigen Strich am Wimpernrand setzen und dann mit dem Pinsel seitlich und nach oben zur Lidfalte hin ausblenden. Anschließend eine Lidschattenlinie unter den unteren Wimpernrand pinseln, wie mit einem dicken Eyeliner. Wer mag, kann mit den Fingerspitzen kleine Farbwölkchen an den Außenkanten der Augen tupfen (dort, wo Brillengläser seitlich enden würden).
5. Nun die Augen mit Eyeliner umranden.
6. Wimpern tuschen.
7. Lipgloss auftupfen.

Glitzernd

Augenbrauen

Ich will keine auffällig buschigen Augenbrauen, aber auch nicht diese extrem dünnen Linien.

Soll ich meine Augenbrauen zupfen? Oder lieber nicht?
Nur, wenn sie extrem buschig sind. Und nie mehr als notwendig. Und lies vorher diese Seite.

Was ist die beste Form für Augenbrauen?
Deine natürliche Brauenform, nur etwas in Form gebracht. In Beauty-Magazinen ist oft vom „perfekten Brauenschwung" die Rede, aber wenn deine Brauen von Natur aus eher gradlinig verlaufen, dann würde es sehr komisch aussehen, wenn du sie „mit Gewalt" bogenförmig trimmen würdest.

Meine Augenbrauen sind so gut wie unsichtbar. Was kann ich tun?
Färben! Entweder mit einem Augenbrauenstift, oder noch besser, mit einer Lidschattenfarbe, aufgetragen mit einem abgeschrägten Brauenpinsel mit steifen Borsten.

So bekommst du kräftigere Augenbrauen

Viele kleine, leichte Striche zwischen die Brauenhärchen auftragen. Im inneren Brauenwinkel beginnen und nach außen in Richtung Schläfen zu stricheln. Wirkt viel natürlicher als ein durchgehender Balken.

Augenbrauen richtig zupfen

✱ Kauf dir eine gute Pinzette – am besten eine mit abgeschrägten Enden.
✱ Verwende, wenn möglich, einen Vergrößerungsspiegel und achte auf gutes Licht. Immer nur ein Härchen auf einmal zupfen.
✱ Augenbrauen abwechselnd zupfen (sonst wird's schwierig, sie gleichmäßig hinzubekommen).
✱ Faustregel: Stets Härchen vom unteren Brauenrand wegzupfen, nicht von oben.
✱ Im Zweifelsfall lieber weniger wegzupfen als zu viel. Idealerweise beginnt die Augenbraue über dem inneren Augenwinkel. Lege einen Stift vom Nasenflügel bis zum Augenwinkel – dort, wo der Stift auf die Braue trifft, sollte sie beginnen. Die Lücke zwischen den Brauen sollte nicht breiter werden, sonst liegen die Augen optisch zu nahe beieinander.
✱ Den optimalen Endpunkt findest du, wenn du den Stift vom Nasenflügel über den äußeren Augenwinkel legst. Hier sollte die Braue enden. Zupfst du sie kürzer, macht das deine Augen optisch kleiner als sie sind.
✱ Mach dich nicht verrückt, um beide Brauen exakt gleich hinzubekommen. Nur bei wenigen Menschen verlaufen die Brauen absolut symmetrisch.

Make-up im Alltag

Ist es wirklich wichtig, sich vor dem Schlafengehen abzuschminken?
JA! Wenn du deinen Mascara mal drauf lässt, wird zwar die Welt nicht untergehen, aber Bakterien, Make-up-Reste und der Schmutz des Tages bilden ein Gemisch, das deine Hautporen verstopft (wenn du zu faul warst, die Schminke abzunehmen, hast du dir sicher nicht mal das Gesicht gewaschen, stimmt's?). Also bitte nicht zur Gewohnheit werden lassen.

Ich möchte, dass mein Make-up möglichst „Öko" ist. Aber wie?
Wähle Kosmetikmarken, die vor allem natürliche Inhaltsstoffe verwenden und ihre Produkte in wiederverwertbaren Behältern anbieten. Übertrieben aufwändig verpackte Produkte kannst du demonstrativ ablehnen.

Wie lange hält sich Make-up?
Manche Produkte scheinen Ewigkeiten zu halten (die meisten Mütter haben in irgendeiner Schublade ihren uralten Lieblings-Lippenstift herumliegen). Eher flüssige Kosmetika wie Lipgloss und Mascara bilden allerdings eine optimale Brutstätte für Bakterien (besonders die Bio-Varianten, die weniger Konservierungsstoffe enthalten). Hier die ungefähre Lebensdauer einiger Produkte:

MASCARA: Hygieneexperten gehen von 3 Monaten aus. Meist halten sie 6-9 Monate – aber sobald was bröselt oder komisch riecht – weg damit.
FLÜSSIG-EYELINER: 6-12 Monate.
LIPGLOSS: 12-18 Monate.
LIDSCHATTEN: mindestens 2 Jahre.
LIPPENSTIFT: mindestens 2 Jahre.
KAJALSTIFT: mindestens 3 Jahre.

Ich will schöne Haare, aber ohne dabei ewig viel Zeit zu verschwenden. Föhnen, Glätten, Locken aufdrehen, Toupieren all das ist mir einfach zu viel Aufwand. Und ich will wissen, wie ich eine Frisur für besondere Gelegenheiten hinkriege.

Haare

Ich weiß, es muss irgendeine Frisur geben, die mir supergut steht, aber wie finde ich die? Und welche von den zig Milliarden Haarpflegemitteln sind für mich am besten?

Hamnett

Waschen

Nicht einfach nur Shampoo draufklatschen …

Wie oft darf ich meine Haare waschen? Jeden Tag?
So oft du willst. Viele Haarexperten sagen, dass tägliches Waschen den Haaren nicht schadet.

Ich habe aber gehört, das schadet den Talgdrüsen und laugt das Haar aus?
Ach ja … andere Haarexperten raten, die Haare so wenig wie möglich zu waschen.

Aber die Haare gar nicht waschen … sehen sie dann über kurz oder lang nicht scheußlich aus?
Na ja – es heißt, man soll Schmutz und Schweiß schon herausspülen, aber nur mit Wasser. Nach sechs Wochen ist das Haar vielleicht ein wenig … glatter als normal, aber das natürliche Fett der Kopfhaut ist wieder im Gleichgewicht und verleiht ihm einen schönen Glanz.

Also, was ist jetzt richtig?
Entscheide selbst, was für dich persönlich am besten ist – hier gibt's kein Richtig oder Falsch.

Was mache ich, wenn meine Haare morgens furchtbar aussehen, ich aber keine Zeit zum Waschen habe?
Etwas Trockenshampoo (ja, so was gibt's) ins Haar sprühen und leicht einrubbeln. Der feine Puder saugt das überschüssige Fett auf und nach dem Ausbürsten sind die Haare schön luftig! Geht zur Not auch mit Babypuder, allerdings ist das etwas gröber und kann sich auf Kopfhaut und Haaren mehlig-weiß ablagern.

Manchmal fühlen sich meine frisch gewaschenen Haare beim Föhnen irgendwie schlaff und klebrig an.
Wahrscheinlich hast du es nicht gründlich ausgespült. Stell dich einfach noch mal ein paar Sekunden unter die Dusche.

SOS-Tipp

Wenn die Frisur mal gar nicht sitzt: Haare straff nach hinten zu einem Pferdeschwanz kämmen oder unter ein Haarband stecken. Gel wirkt auf fettigen Haaren wie ein cooler Wet Look. Im schlimmsten Fall hilft eine Mütze!

Wozu braucht man eine Spülung?
Sie schließt die Schuppenschicht rings um die Haare herum. Die Haare fühlen sich dann glatt und geschmeidig an und lassen sich nach dem Waschen leichter durchkämmen oder bürsten.

Und wenn man zu viel davon benutzt? Ich hab gelesen, dass man das unbedingt vermeiden soll.

Ein Zuviel richtet keinen Schaden an. Ähnlich wie ein Schwamm saugt das Haar nur so viel auf, wie es braucht, der Rest wird abgespült. Fühlt sich dein Haar schwer oder klebrig an, könnte es eher sein, dass die Spülung für deinen Haartyp ungeeignet ist – oder du nicht sorgfältig genug ausgespült hast.

Haare richtig waschen

1. Haare gründlich nass machen. Einen walnussgroßen Klecks Shampoo (bei langen oder besonders dicken Haare etwas mehr) zwischen den Handflächen aufschäumen und auch über den Fingern und dem Handrücken verteilen.
2. Nun mit beiden Händen mit kleinen kreisenden Bewegungen in den Haaransatz und die Kopfhaut einarbeiten – nicht nur oben, sondern auch am Hinterkopf und hinter den Ohren. Bevor du wieder nach dem Shampoo greifst, die Haare noch mal kurz anfeuchten. Dann verteilt sich das Shampoo besser.
3. Die Haare brauchen nicht bis in die Spitzen eingeschäumt zu werden – der eigentliche Schmutz sitzt an den Haarwurzeln und beim Ausspülen wird auch der restliche Teil der Haare ausreichend sauber.
4. Sorgfältig ausspülen. Besonders schmutzige Haare ein zweites Mal shampoonieren.
5. Spülung einmassieren, aber nur in die Haarenden (nicht in den Ansatz, da die Haare sonst zu schwer werden).
6. Zum Schluss die Haare gründlich (!) ausspülen.

Shampoo & Spülung

Finde heraus, welche Produkte deinem Haar wirklich was nützen.

In den Läden gibt es eine Riesenauswahl an Shampoos! Wie wähle ich das Richtige?
Erstmal musst du feststellen, welchen Haartyp du hast (dick/struppig, fein/dünn, fettig/strähnig oder trocken/spröde). In Supermärkten oder Drogerien findest du Produkte, die alles versprechen – von mehr Feuchtigkeit bis hin zu mehr Volumen. Sauber wird dein Haar mit jedem davon, du suchst aber bestimmt eins, mit dem sich dein Haar nach dem Waschen auch gut anfühlt. Nun, die schlechte Nachricht: Dazu musst du wohl oder übel einige durchprobieren. Die gute Nachricht: Das beste für dich ist nicht unbedingt das teuerste.

Was für einen Haartyp habe ich?
Fettendes Haar sieht aus, als müsste es jeden Morgen gewaschen werden. Dieser Haartyp plagt viele Teenager, weil die Hormone die Talgdrüsen zur Überproduktion anregen.
Trockenes Haar fühlt sich spröde und brüchig an.
Feines Haar ist seidenweich und hat kein Volumen.
Krauses Haar kringelt sich zu Löckchen, die sich nur schwer bändigen lassen.
Normales Haar wirkt erst dann fettig, wenn es schmutzig ist; die Spitzen sind oft trocken.

Und wenn mein Haar auf der Kopfhaut fettig, aber in den Spitzen trocken ist?
Hier hilft ein mildes Shampoo und auf den Spitzen eine Spülung, damit sie geschmeidig bleiben.

Sollte ich das Shampoo ab und zu wechseln, damit sich mein Haar nicht daran gewöhnt?
Nein. Das ist ein Ammenmärchen.

Brauche ich ein spezielles Peeling-Shampoo, um die Rückstände von Stylingprodukten zu entfernen?
Falls du Stylingprodukte wie Haarwachs nicht gleich tonnenweise verwendest, ist ein spezielles Reinigungsprodukt überflüssig.

Billig- oder Luxus-Shampoo?

Spottbillige Produkte solltest du meiden, sonst kannst du auch gleich Geschirrspülmittel nehmen. Sie lösen zwar den Schmutz, machen das Haar aber total strohig. Versuche lieber Shampoos in mittlerer Preislage von einem bekannten Hersteller – die enthalten gute Wirkstoffe und funktionieren prima. Die superteuren Varianten haben hochkomplexe Inhaltsstoffe für empfindliche, chemisch überbehandelte Haare. So was solltest du eigentlich gar nicht brauchen.

Spülungen – selbst gemacht!

Kopfhaut-Balsam

Kokosnussöl, Olivenöl, Mandelöl oder ein spezielles Haaröl geben der Kopfhaut Feuchtigkeit und halten sie geschmeidig. Das Öl behutsam in die Kopfhaut einreiben und für 10 Minuten einwirken lassen (Haare dazu in ein Handtuch wickeln). Noch besser: Das Öl vor dem Schlafengehen auftragen, das Kopfkissen in ein zweites Handtuch wickeln und die Haare am nächsten Morgen ausspülen.

Avocado-Spülung

Eine sehr reife, weiche Avocado mit der Gabel fein zerdrücken. Eventuell mit etwas Olivenöl oder Kokosnussmilch verdünnen, damit die grüne Paste nicht so leicht klumpt und sich später restlos ausspülen lässt, ohne dass du noch nach Tagen Krümel aus dem Haar herauspickst. Ins Haar einmassieren,10 Minuten einwirken lassen, danach gut ausspülen.

Shampoo-Vorbehandlung

Ein paar Eier mit dem Schneebesen verrühren und in die Haare einmassieren. Ja, fühlt sich schleimig und glitschig an, aber nach dem Auswaschen hat dein Haar einen Superglanz. 10 Minuten einwirken lassen, dann gut ausspülen.
Wichtig: Nur mit kaltem Wasser ausspülen! Bei heißem Wasser könnte das Ei stocken.

Eignet sich Mayonnaise als Haarspülung?
Im Prinzip ja – aber da Mayonnaise Eigelbe und Öle enthält, eignet sie sich besser als Vorbehandlung vor dem Shampoonieren (einmassieren, 15 Minuten einwirken lassen, dann gut ausspülen). Auf diese Weise hat dein Haar anschließend keinen unangenehmen Geruch.

Haarprobleme

Mist! Wie kann ich so was vermeiden?

Gespaltene Spitzen

Woher weiß ich, dass ich Spliss habe? Kann man was dagegen tun?
Schau dir deine Haarenden mal genau an. Wenn die Spitzen gespalten sind, hast du Spliss – meistens verursacht durch heiße Lockenstäbe, übermäßiges Föhnen oder zu vieles Bürsten oder Kämmen. Hier hilft nur eins: Abschneiden.

Schuppen

Igitt, wo kommen die denn her und warum?
Verursacht werden sie durch mikroskopisch kleine Hefepilze namens Pityrosporum ovale, die sich auf der Kopfhaut ansiedeln. Die hat eigentlich jeder, aber bei manchen Leuten führen sie zu einer Überproduktion von toten Hautzellen, die sich dann zu Flöckchen verklumpen.

Und wie werde ich die wieder los? Da Schuppen eine natürliche Ursache haben, lassen sie sich nicht ein für allemal beseitigen. Spezielle Antischuppen-Shampoos können die Überproduktion der Hautzellen aber wirkungsvoll eindämmen.

Und wenn mir Antischuppen-Shampoos auch nicht helfen?
Dann liegt vielleicht eine andere Kopfhauterkrankung vor – eine Schuppenflechte (Psoriasis) oder ein Ekzem. Bei einem solchen Verdacht solltest du zu einem Arzt gehen.

Schwimmbad

Was kann Chlorwasser dem Haar antun?
Das im Wasser enthaltene Chlor wirkt wie ein Bleichmittel: Es löst die Pigmente aus dem Haar und beschädigt die Schuppenschicht (Cuticula), sodass weitere Chemikalien eindringen können. Folge: Die Haare verlieren ihren Glanz und werden brüchig.

Wie kann ich das vermeiden?
Vor dem Schwimmen die Haare mit normalem Wasser gut durchnässen, damit sie erst gar nicht so viel Chlor aufnehmen können. Nach dem Schwimmen die Haare sofort waschen, am besten mit einem Anti-Chlor-Shampoo. Und reichlich Spülung verwenden.

Kann Schwimmbadwasser blondiertes Haar grünlich verfärben?
Ja. Das liegt aber nicht am Chlor, sondern am Kupfersulfat – einem blauen Mineralsalz, das Algen abtötet. Es dringt durch die lädierte Schuppenschicht ein – und Blau und Hellgelb ergeben einen Grünstich.

Welche Bürste?

PADDLE-BÜRSTE
Zum Durchbürsten langer Haare und zum Glattföhnen.

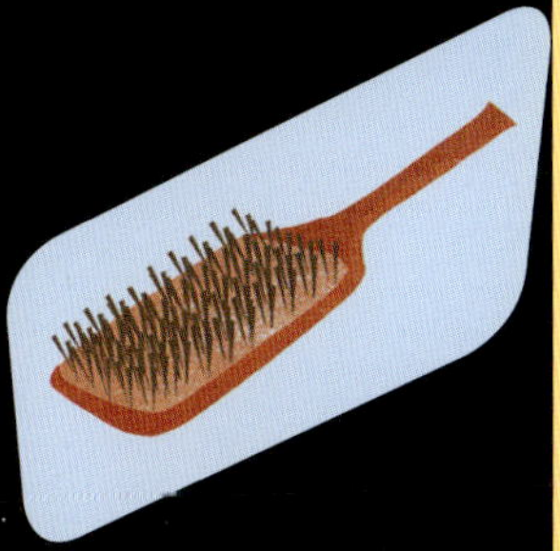

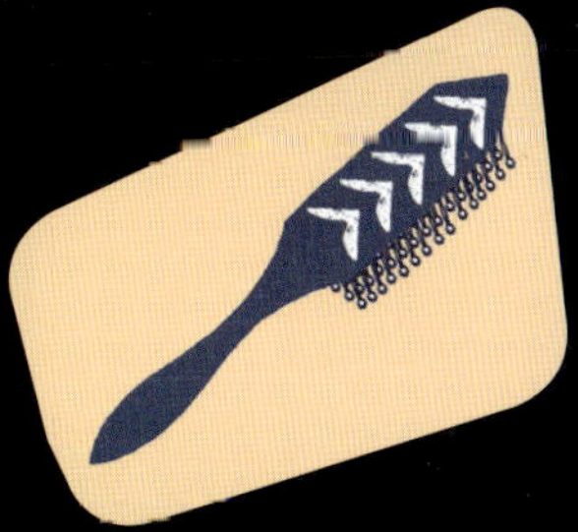

SKELETTBÜRSTE
Zum Entwirren gewellter oder lockiger Haare und zum Föhnen dicker Haare.

RUNDBÜRSTE
Zum Formen von Locken oder zum Straffen und Glätten beim Föhnen.

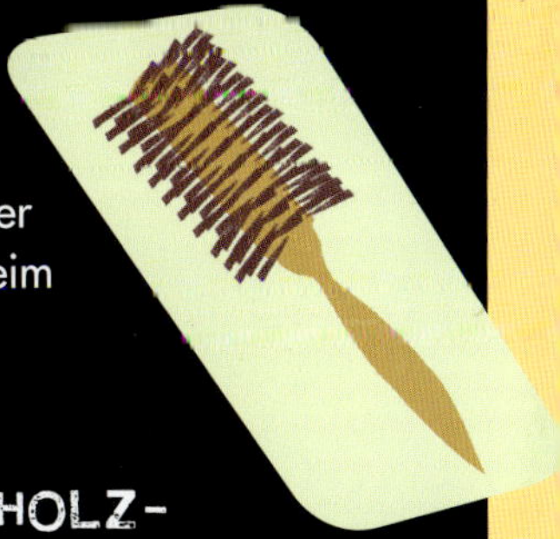

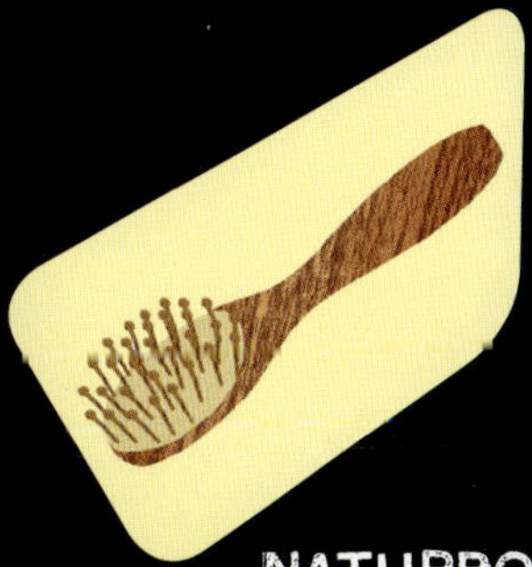

HOLZ-BÜRSTE
Für fliegende Haare – das Holz verhindert statische Aufladung.

NATURBORSTEN
Zum weichen Glattbürsten der Haare. Das Gummikissen verhindert statische Aufladung, und das natürliche Hautfett wird gleichmäßig im Haar verteilt (gibt Glanz und Fülle).

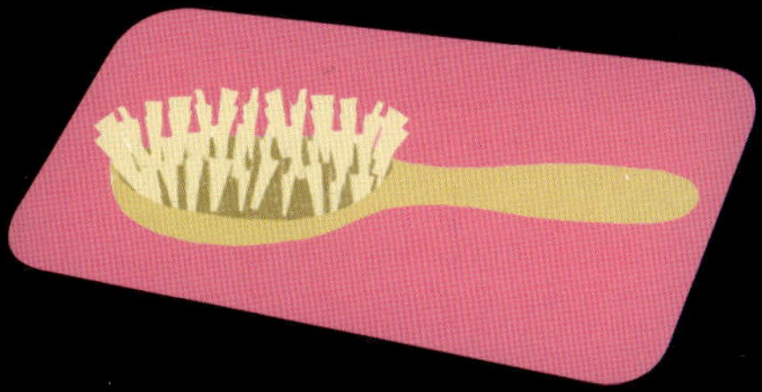

Haarfarbe

Ein cooles Experiment oder ein Riesenfehler?

Ich würde mir sooo gerne die Haare färben! Welche Farbe steht mir am besten?
Die vernünftige Antwort:
Sie sollte nicht allzu sehr von deiner Naturhaarfarbe abweichen. Wenn du nicht nur Strähnchen, sondern das gesamte Haar färben willst, sollte die Farbe nur eine oder zwei Nuancen dunkler oder heller sein, damit sie zu deinem Teint passt.
Die „Wen kümmert's!"-Antwort:
Teenager brauchen sich hier nicht unbedingt von der „Vernunft" leiten zu lassen (hängt auch etwas von den Eltern ab) – in dem Alter kann man auch mal ein Experiment wagen. Was bei einem älteren Menschen vielleicht scheußlich aussieht, wirkt bei dir vielleicht ganz lustig!

Nichts überstürzen …

Deine Frisur und deine Haarfarbe geben ein starkes Statement ab, denn damit teilst du der Welt mit, wer du bist und wofür du stehst. Eine auffällige Haarfarbe erregt in jedem Fall überall sofort Aufmerksamkeit. Das kann toll sein (wenn deine Freunde sagen, dass die Farbe cool aussieht und dir echt steht) oder auch nicht (wenn andere Leute dich anstarren, aufziehen oder sogar auslachen). Nur so als Denkanstoß, falls du ernsthaft an … sagen wir mal, grün, denkst.

Welche Haarfarbe steht mir?
Wenn deine Hautfarbe eher rosig ist, nimmst du besser kühle Farben wie ein aschiges Blond (besser als Gold- oder Gelbblond) oder dunkelbraun. Wenn du hellhäutig bist, kannst du jede Farbe versuchen, sogar rot. Wenn deine Hautfarbe sehr blass ist, sind warme, starke Farben am besten – goldblond oder ein sattes braun. Wenn deine Haut olivfarben ist, steht dir dunkelbraun oder schwarz super gut.

Was verwende ich am besten?
Tönungen (Stufe 1-2) halten bis zu sechs Wochen. Färbungen (Stufe 3) begleiten dich eine ganze Weile. Aber da deine Haare länger werden, musst du alle acht bis zwölf Wochen nachfärben, je nachdem, wie schnell deine Haare wachsen.

Wie schwierig ist es, dunkle Haare zu blondieren?
Es ist schwierig, weil man es nicht in einem Schritt schafft. Es hängt davon ab, wie dunkel deine Haare am Anfang sind (aschblond ist einfacher als dunkelbraun). Erst musst du die Haare aufhellen, was die normale Farbe aus deinen Haaren zieht. Dann kannst du sie blond färben. Wie hell du am Ende wirst, hängt davon ab, wie gut der erste Durchgang funktioniert.

Welche Farbe kommt in Frage?

Naturfarbe \ Wunschfarbe	hellblond	blond	rot	brünett	schwarz
blond	Easy. Das Ergebnis hängt davon ab, wie blond du in Natur bist.	X	Leichter für helle als für dunkle Blonde. Wie wär's mit einem Erdbeerblond?	Easy. Du musst vielleicht deine Augenbrauen färben, damit es passt.	Leicht zu machen, schwer damit zu leben. Hält ewig.
aschblond	Nicht schwer. Aber es ist eine krasse Farbe.	Easy und könnte dir super stehen!	Nicht schwer. Versuch ein sanftes Rot, dass deine Naturfarbe auffrischt.	Sollte leicht sein und sieht sicher toll aus!	Easy, steht dir aber wahrscheinlich nicht.
rot	Werde Stück für Stück heller, bevor du zu Platinblond greifst.	Auch hier stufenweise herantasten. Der Farbton wird eventuell nur kupferig.	X	Erst deine Naturfarbe vertiefen, bevor du auf Dunkelbraun setzt.	Wird bei deiner Hautfarbe sehr hart aussehen, vor allem, wenn du sehr blass bist.
brünett	Braucht eine Menge Bleichmittel und könnte deine Haare schädigen.	Langsam und nur mit professioneller Hilfe (sonst könnte Orange draus werden).	Intensiviere deinen Nuancen am besten mit Rotbraun oder Kastanienrot.	X	Easy, aber immer noch eine krasse Farbe.
schwarz	Nicht zu empfehlen. Könnte ziemlich seltsam aussehen.	So viel Farbe rauszuziehen, macht deine Haare kaputt.	Warum solltest du? Versuch doch einfach rote Strähnchen!	Schwierig. Braucht danach viel Pflege.	X

So findest du eine Frisur, die zu deinem Gesicht passt

Zunächst mal musst du deine Gesichtsform bestimmen. Hierzu streichst du alle Haare aus der Stirn nach hinten und machst frontal ein Foto von deinem Gesicht. Oder du schaust in einen Spiegel und zeichnest mit einem Eyeliner oder Lippenstift deine Gesichtskonturen nach. Dann einen Schritt zurücktreten und schauen, was für eine Form zu sehen ist.

Herzförmiges Gesicht

GÜNSTIG: Die Frisur sollte ausgleichen, dass dein Gesicht zum Kinn hin schmaler wird. Dazu eignet sich alles, was kinnlang ist – z.B. ein längerer Bob. Oder nach hinten gestrichene lange Haare, die deine Wangenknochen frei lassen.
UNGÜNSTIG: Frisuren, die den breiten Teil deines Kopfes noch breiter wirken lassen.

Ovales Gesicht

GÜNSTIG: Du Glückspilz – dir steht so gut wie jede Frisur, ob superkurz oder hüftlang. Besonders schön sind Frisuren, bei denen die Haare nach hinten aus dem Gesicht fallen.

Kantiges Gesicht

GÜNSTIG: Eine Frisur, die dein Gesicht optisch verkürzt und die kantigen Konturen weicher wirken lässt. Das könnte ein Pony sein, oder Stufen, die auf dem Kopf für Fülle sorgen, oder auch Strähnen, die die Wangen umspielen. Auch ein Kurzhaarschnitt kann Volumen verleihen – vor allem bei kräftigen oder gewellten Haaren.
UNGÜNSTIG: Lange Haare, die an den Wangen glatt und gerade herabfallen, denn dadurch wirkt ein längliches Gesicht noch länger.

Rundes Gesicht

GÜNSTIG: Alles, was die breite Mittelpartie seitlich nicht unnötig betont – besonders bei Wellen oder Locken. Versuch es mal mit Stufen auf dem Oberkopf, oder mit einer Frisur, die bis knapp unter dem Kinn gerade verläuft und dann nach außen dreht. Mit einem Seitenscheitel kannst du die Haare rechts oder links hinter ein Ohr streichen.
UNGÜNSTIG: Frisuren, die insgesamt rundlich wirken – etwa ein fülliger Kurzbob oder ein kinnlanger Schnitt. Die lassen dein Gesicht noch voller erscheinen. Auch einen Mittelscheitel solltest du vermeiden.

Quadratisches Gesicht

GÜNSTIG: Weiche, schmeichelnde Frisuren mit Wellen, Stufen oder Strähnen, die das Gesicht umspielen, um die „eckigen" Konturen weicher wirken zu lassen. Auch ein Fransenpony ist dazu gut geeignet. Bei sehr feinen Haaren bietet sich auch eine herabfallende Langhaarfrisur an, die breite Kieferknochen optisch ausgleicht.
UNGÜNSTIG: Geometrische, markante Schnittkanten oder gerade geschnittene Ponys. Die lassen dein Gesicht noch eckiger und kantiger wirken – ebenso wie alle Frisuren, die über dem Kinn enden.

Tipps

* Teste Perücken und Haarteile aus – in Kaufhäusern gibt es davon jede Menge.
* Im Internet gibt es zahlreiche Seiten, auf denne du dein eigenes Foto hochladen und sofort verschiedene Frisuren ausprobieren kannst um zu sehen, ob sie dir stehen.

Friseure

Ein neuer Haarschnitt kann ganz schön Nerven kosten! Ein guter Friseur sagt dir aber vorher ganz genau, welche Möglichkeiten es gibt und wie es aussehen wird, bevor er losschnippelt. Du kannst ihm dabei jede Menge Fragen stellen, schließlich sind es deine Haare, und es ist auch in seinem Interesse, dass du dich hinterher wohl fühlst.

Wie kriege ich einen Friseur dazu, mein Haar so zu schneiden wie ich will?

Beschreibe ihm so genau wie nur möglich, wie deine Haare aussehen sollen.

* Wenn du ein entsprechendes Foto aus einer Zeitschrift hast, zeig es ihm nicht nur, sondern besprich es mit ihm.
* Wenn du einen Pony willst, sag ihm genau, wie lang du ihn haben willst und ob er gerade geschnitten oder fransig sein soll.
* Sag ihm, wie dein Scheitel normalerweise fällt und ob du dir ab und zu die Haare zu einem Pferdeschwanz binden willst.
* Faustregel: Dem Friseur alles mitteilen, was dir zu deinen Haaren und der gewünschten Frisur einfällt.

Expertentipps

Von Susan Baldwin, Creative Director und Farbberaterin beim Starfriseur John Frieda:

„Im Teenageralter kannst du nach Herzenslust mit Haarfarben experimentieren. Ein junger Mensch kann sich jeden Look leisten und auch mal was wagen – also keine Scheu!
Haarfarben oder -tönungen sehen an den eigenen Haaren nicht genauso aus wie bei der Dame auf der Packung. Erwarte keine Wunder.
Total ausgefallene Farben sehen an Kurzhaarfrisuren am coolsten aus. Lass dir deshalb vor dem Färben einen guten Schnitt verpassen.
Bleichen greift die Haarstruktur ziemlich an – lange Haare werden dadurch spröde oder brechen leicht ab.
Lass dich von Profis beraten – die meisten Salons bieten eine kostenlose Farbberatung an. Selbst wenn du die Vorschläge nicht annimmst, können dir fünf Minuten Expertenwissen bei der endgültigen Entscheidung sehr helfen.
Bei den meisten Menschen sehen etwas hellere Haare besser aus. Wenn du nur ein paar helle oder dunkle Strähnchen möchtest, lass sie möglichst vorne machen. Auch hierbei gilt: Weniger ist mehr. Bei Bedarf kannst du später immer noch mehr Farbe – oder Strähnchen – hinzufügen. Extreme Farben – ob Wasserstoffblond, Rabenschwarz oder Karottenrot – vertragen sich oft nicht mit dem natürlichen Teint. Selbst wer jung und hübsch ist, kann mit einer knalligen Haarfarbe leicht etwas blass und kränklich wirken. Also Make-up nicht vergessen, damit du nicht wie ein ausgebleichter Zombie aussiehst!"

Kleiner Tipp

Welche Frisur hat dein Friseur, wie kleidet er sich? Wenn du bei seinem Anblick am liebsten schreiend davon laufen würdest, solltest du ihn vielleicht lieber nicht an deine Haare heranlassen.

Und wenn der Haarschnitt total daneben geht?
Na ja – du kannst dann entweder einen Tobsuchtsanfall bekommen, anfangen zu heulen oder stumm vor dich hin schmollen. Oder tapfer sein und das Beste draus machen. Klar, ein verhunzter Haarschnitt lässt sich nicht einfach so wegstecken, aber verbuche es einfach als Lebenserfahrung – und außerdem (du wirst es nicht glauben!): Dein Haar wird nachwachsen. Um den Friseur solltest du allerdings künftig einen Bogen machen.

Was Friseure sagen (und was sie damit meinen):

Wir werden ...

DEN PONY FRANSIG SCHNEIDEN
Senkrecht in den Pony hineinschneiden, damit er unten nicht exakt gerade abschließt. Wirkt oft natürlicher.

DIE HAARE DURCHSTUFEN
Das Deckhaar unterschiedlich lang schneiden, damit die Haare sich überlappen. Schafft Fülle.

EIN HAARSCHNEIDEMESSER VERWENDEN
Die Haarenden mit einem speziellen Messer abschneiden (kann ein bisschen ziepen), damit der Schnitt fransiger wirkt.

DIE FRISUR ETWAS AUFPEPPEN
Dem Haar mehr Volumen verleihen bzw. die Gesamtwirkung des Schnitts stärker betonen.

EINEN STUMPFEN SCHNITT MACHEN
Die Haare alle auf die gleiche Länge schneiden.

EIN SPEZIALPRODUKT VERWENDEN
Das gewünschte Ergebnis mit einem Stylingprodukt erzielen. Frag nach, ob die Behandlung Extrakosten verursacht.

DIE HAARE STRÄHNIG MACHEN
So föhnen, dass die Frisur ein bisschen zerzaust und „unfrisiert" aussieht.

DAS HAAR AUF HALBER HÖHE DURCHSTUFEN
Lange Haare stufig schneiden, aber erst in der Mitte damit beginnen.

WAS RADIKALES MACHEN
Frage nach, was dein Friseur mit „radikal" genau meint, bevor er loslegt.

HAARE STYLEN LEICHT GEMACHT

Übung macht den Meister also dann, los!

Wie kriege ich meine Haare glatt und glänzend?
Du kannst noch so viele Glättungsshampoos und Glanzspülungen verwenden – wahrhaft schöne Haare kriegt man nur durch gekonntes Föhnen und Frisieren. Keines der Models, die auf den Fotos immer so umwerfend aussehen, springt morgens mit supertollen Haaren aus dem Bett.

Kann ein Glätteisen dem Haar schaden?
Nicht, wenn du ...

* vorher ein Haarschutzspray verwendest.
* erst damit loslegst, wenn deine Haare trocken sind.
* es nicht allzu häufig benutzt.

Warum muss mein Haar dazu trocken sein? Auf manchen Anweisungen steht was von „handtuchtrocken".
Die Hitzeplatten eines Glätteisens werden so heiß, dass noch im Haar vorhandenes Wasser schlagartig verdampft. Dabei dehnt das Wasser sich extrem aus und macht das Haar auf Dauer splissig und brüchig.

Schön glatt

1. Die Haare föhnen, bis sie wenigstens zu drei viertel trocken sind. Die Deckhaare oben auf dem Kopf mit einer Haarklammer wegstecken, die übrigen Haare in drei oder vier Abschnitte einteilen.
2. Jeden Abschnitt trocken föhnen – entweder über eine Rundbürste oder mit einer Paddle-Bürste, die du im rechten Winkel zum Haar hältst.
3. Am Haaransatz beginnen und Föhn und Bürste bis zu den Haarspitzen führen ... immer wieder, bis die betreffende Haarpartie trocken ist. Dauert eine Weile, aber so wird die äußere Schuppenschicht schön glatt, was die Haare glänzen lässt.

Hübsch gewellt

1. Die Haare zu 90 Prozent trocken föhnen. Einen großen Klacks Schaumfestiger gleichmäßig in die Haare einkämmen (falls dein Haar sehr trocken ist, kannst du einen Spritzer Bodylotion in den Schaum mischen).
2. Das Haar in kleine Strähnen einteilen. Jede um einen Finger wickeln, bis es wie ein verdrehtes Seil aussieht, dann zu einer kleinen Schleife legen. Am Kopf festclipsen und trocknen lassen.
3. Clips herausnehmen und den Kopf sanft schütteln. Für mehr Fülle Kopf vornüber legen und leicht mit den Fingern durch die Haare fahren. Nicht zu stark ziehen und nicht ausbürsten, sonst sind die Wellen futsch.

Flott gekreppt

1. Die Haare müssen absolut trocken sein. Haarschutzspray aufsprühen.
2. Die Haare abschnittsweise kreppen. Hinten mit den untersten Haarlagen beginnen. Dann Strähne für Strähne nach vorne wandern. Braucht viel Geduld.

Netter Kontrast: Ringsum nur einzelne Strähnen kreppen und die übrigen glatt lassen.

Krause Haare glatt kriegen

1. Haare waschen und spülen, dann Glättungsbalsam mit einem Kamm verteilen.
2. Das Haar in einzelne Strähnen einteilen, diese nacheinander trocken föhnen, dabei mit einer Paddle-Bürste glatt ziehen. Den warmen Luftstrom vom Haaransatz in Richtung Haarspitzen richten und die Strähne dabei straff halten.
3. Werden deine Haare auf diese Weise noch nicht glatt genug, versuch es mit einem Glätteisen. Dazu müssen deine Haare aber erst ganz trocken sein! Jede Haarpartie vom Ansatz bis zu den Spitzen durch das Eisen ziehen.

Glatte, kräuselfreie Locken

Nach dem Waschen das Haar mit einem Handtuch trocknen, bis es nicht mehr tropft (handtuchtrocken). Dann einen Conditioner (ohne Ausspülen), einen Anti-Frizz-Balsam oder ein Lockenserum auftragen (bei langen, dicken Haaren reichlich). Erst mit den Fingern und dann mit einem grobzinkigen Kamm gleichmäßig verteilen. Haare lufttrocknen lassen, oder mit einem Föhn mit Diffuser auf niedriger Heizstufe trocknen. Locken nicht ausbürsten, sonst bekommst du einen aufgebauschten Krauskopf.

Wie pflegt man Afro-Locken?

- Die Haare so wenig wie möglich waschen, damit sie nicht unnötig austrocknen.
- Vor dem Shampoonieren die Haare mit erwärmtem Pflege-Öl behandeln.
- Einmal pro Woche eine Pflegekur verwenden.
- Bürsten mit Naturborsten sind sanfter zu den Haaren als welche mit Kunststoffborsten oder Metallzinken.
- Sehr fein gekräuselten, verdrehten Haaren täglich eine Feuchtigkeitsbehandlung gönnen.
- Nachts einen Seidenschal um den Kopf wickeln, damit die brüchigen Haare nicht so stark auf dem Kissen rubbeln können.

Was kann ich gegen statische Aufladung bei Haaren machen?

* Vor dem Trockenföhnen ein Hitzeschutzspray aufsprühen (statische Aufladung passiert meistens beim Föhnen!).
* Versuche es mit einer Bürste mit Naturborsten – die erzeugt weniger statische Aufladung als eine Kunststoffbürste.
* Auch ionische Keramikbürsten reduzieren die statische Aufladung.
* Oder du streichst dir mit einem dieser Antistatik-Tücher übers Haar, die man mit der Wäsche in den Trockner gibt. Klingt vielleicht komisch, wirkt aber super.

Wie funktionieren eigentlich Volumen-Produkte?

Sie enthalten Wirkstoffe, die sich um die Haare legen und sie aufpolstern, oder die Haare voneinander trennen, so dass der Eindruck entsteht, man hätte mehr Haarfülle.

Was ist der Unterschied zwischen einem normalen und einem „Bio-Shampoo"?

Bio-Shampoos enthalten mehr natürliche bzw. organische Inhaltsstoffe und meist weder Natriumlaurylsulfat (das bekanntlich hautreizende Eigenschaften hat), noch mineralölbasierende Konservierungsstoffe.

Ich will mein Haar nicht mit Chemikalien überladen. Gibt es auch organische Stylingprodukte?

Viele schwören auf stark verdünnten Zitronensaft für mehr Glanz und Geschmeidigkeit oder als Festiger. Ist ein bisschen klebrig und kann bei blondem Haar einen leichten Bleicheffekt haben.

Wie „biologisch" ist ein Bio-Shampoo wirklich?

Schau auf dem Behälter nach. Ein Hersteller darf sein Produkt als „Bio" deklarieren, sobald es auch nur einen einzigen Tropfen Teebaumöl enthält. Mit einem anerkannten Bio-Siegel versehene Produkte enthalten tatsächlich nur organische Inhaltsstoffe.

3 UMWELTFREUNDLICHE HAARPFLEGE-TIPPS

* Haare nicht täglich waschen.
* Produkte mit einem hohen Anteil an organischen Inhaltsstoffen bevorzugen.
* Zum Färben nach Produkten mit natürlichen bzw. pflanzlichen Pigmenten Ausschau halten.

Also, wenn ich etwas liebe, dann ist es eine schöne enstpannte Maniküre! Ich weiß, dass ich davon keine besseren Noten kriege, und es bringt auch nichts für den Weltfrieden, aber meine Stimmung geht sofort nach oben. Hand- und Fußpflege muss nicht viel Zeit kosten ...

Hände & Füße

Ich meine, Zehennägel sind doch im Nu geschnitten, oder? Meistens vergesse ich meine Füße allerdings total. Jedenfalls so lange, bis sie eklig aussehen, oder bis es Sommer wird und Sandalen angesagt sind.

Hände und Füße richtig pflegen

Ab und zu ein paar Streicheleinheiten wirken Wunder ...

Was ist die beste Nagelform?
Fußnägel schneidest du am besten gerade, Fingernägel wie du magst – ob rund, eckig oder oval.

Ich bin Rechtshänder wie schneide ich denn die Nägel an meiner rechten Hand?
Da hilft nur Übung. Aber du kannst es auch erstmal mit einem kleinen Nagelknipser probieren. Der schneidet den Nagel gerade ab. Führe ihn Stück für Stück um den Nagel herum und feile anschließend die Kanten gerade.

Kann ich meine Nägel auch einfach nur mit der Feile bearbeiten?
Klar – dazu brauchst du aber Geduld. Von den Seiten immer nur in eine Richtung zur Mitte hin feilen, keinesfalls hin und her (das ginge zwar schneller, schwächt aber die Nägel und macht sie brüchig).

Was ist eine Nagelpolierfeile?
Mit dieser gepolsterten Spezialfeile kannst du deine Nägel ganz ohne Lack auf Hochglanz polieren, indem du sie auf dem gesäuberten und trockenen Nagel einfach hin und her reibst. Schnelligkeit ist dabei wichtiger als Druck. Der Glanz kommt von ganz alleine.

Und wie genau entsteht der Glanz?
Im Prinzip werden mit der Polierfeile die Rillen in der Nageloberfläche geglättet. Wer weiche Nägel hat, sollte sie also nicht zu oft benutzen, sonst wird zuviel abgetragen und die Nägel werden immer dünner und schwächer – und reißen dann besonders leicht ein.

Füße (und Hände) wie Samt und Seide

1. Hornhaut mit einer Fußfeile abraspeln.
2. Ein Bad nehmen, entspannen und die Füße einweichen.
3. Eine dicke Schicht reichhaltige Körpercreme oder eine Fußcreme auftragen.
4. Ein Paar Socken drüberziehen (am besten dünne Baumwollsocken, sonst wird's zu warm).
5. Schlafen legen.
6. Am nächsten Morgen sind deine Füße glatt und samtweich!

Dieser Trick funktioniert auch mit den Händen. Hier kannst du dir natürlich das Hornhautraspeln und Einweichen sparen – einfach dick eincremen und ein paar dünne Baumwollhandschuhe überstreifen. Die gibt es als Teil eines Handpflegesets zu kaufen. Zur Not tun es auch dünne Baumwollsocken (ja, fühlt sich etwas komisch an, aber die zusätzliche Wärme lässt die Creme gut in die Haut einziehen).

Nagelprobleme

Sie splittern, sie brechen, sie reißen ein ... hier ein paar Tipps, wenn deine Nägel Hilfe brauchen.

Wie gewöhne ich mir das Nägelkauen ab?
Also zunächst einmal musst du wirklich den festen Willen dazu haben. Nägelkauen ist eine schlechte Angewohnheit, und so etwas kann man nicht von einem Tag auf den anderen abstellen. Finde erst einmal heraus, wann und warum du das überhaupt tust. Wenn dir langweilig ist? Wenn du aufgeregt bist, oder dich gestresst fühlst? Sobald du weißt, was Nägelbeißen bei dir auslöst, kannst du gezielt was dagegen tun.

Einfach ausprobieren!

* Nägel mit Tinkturen bestreichen, die unangenehm bitter schmecken.
* Kaugummi kauen, um den Mund zu beschäftigen.
* Überzeuge deine Mutter, dass du eine Belohnung verdienst, wenn du es schaffst, einen Tag/eine Woche lang keine Nägel zu kauen.
* Hypnose ... nein, ernsthaft: Falls gar nichts wirkt, hilft vielleicht eine Selbsthilfe-CD oder fachkundige Beratung.

Nagel-Galerie

abgeknabbert

zerfetzte Nagelhaut

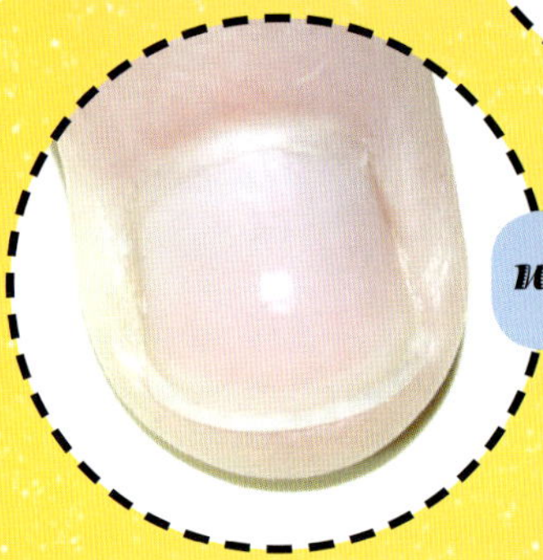
weiße Flecken

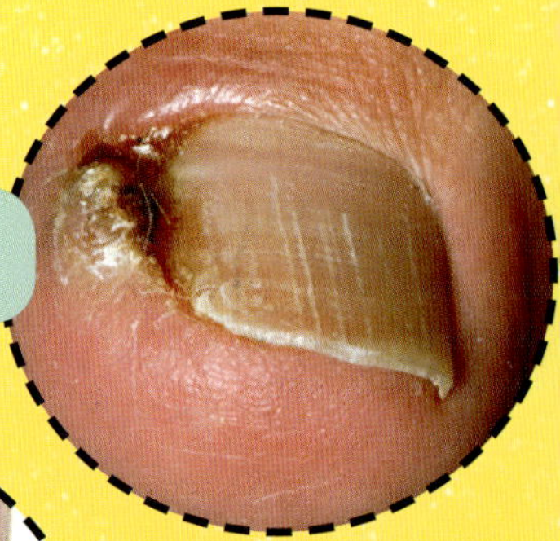
wächst ein

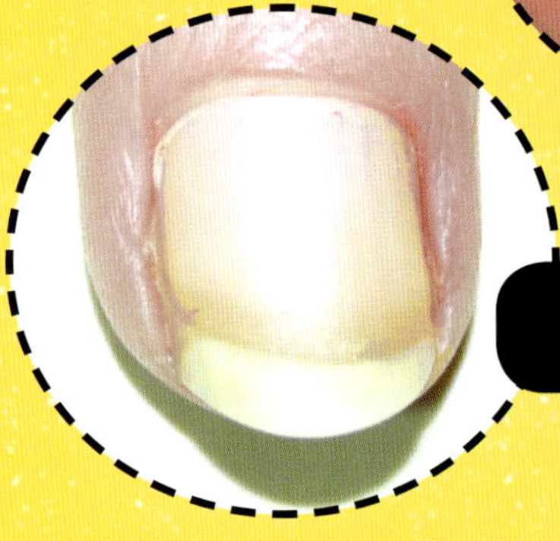
verfärbt

Wie kann ich meine Nägel kräftigen? Sie sind total weich und brechen ständig ab.
Vielleicht nimmst du zu wenig Mineralstoffe oder Spurenelemente wie Kupfer, Mangan, Chrom, Zink oder Jod zu dir. Schon winzige Mengen davon können die Beschaffenheit der Nägel (und der Haare) sichtbar beeinflussen. Achte auf gesunde Ernährung (das bedeutet viel Obst und Gemüse und genügend Eiweiß aus Fleisch, Fisch, Käse und Eiern). Manchmal hilft auch ein Vitaminpräparat für Haut, Haare und Nägel als Nahrungsergänzung. Dann gibt es noch farblose Nagelhärter, die man wie Lack auftragen kann. Man sollte zwar seine Nägel nicht ständig mit Chemie zukleistern, aber der Lack kräftigt die Nägel schon mal von außen, während du sie von innen her aufbaust.

Woher kommen diese weißen Flecken auf den Nägeln? Jemand meinte, es liegt an Kalziummangel, aber ich esse viel Joghurt. Der enthält doch Kalzium, oder?
Weiße Nagelflecken entstehen eher durch Zink- als durch Kalziummangel. Zink ist in Fleisch und Fisch enthalten. Falls du davon nicht so viel isst (oder dich vegetarisch ernährst), könntest du ein Vitaminergänzungspräparat mit 15 Mikrogramm Zink nehmen – zumindest solange, bis die Flecken verschwinden. Es kann aber auch sein, dass du dich irgendwo gestoßen hast.

SCHON GEWUSST?
DIE WISSENSCHAFTLICHE BEZEICHNUNG FÜR NÄGELKAUEN LAUTET „CHRONISCHE ONYCHOPHAGIE".

Wie kann ich verhindern, dass meine Nagelhaut ausfranst?
Die Nagelhaut möchte sorgfältig behandelt werden – also so oft wie möglich mit Handcreme oder Nagelöl einreiben und sanft zurückschieben. Am einfachsten geht das, wenn sie feucht und weich ist, also nach einem Bad oder nach dem Duschen. Herausstehende Fetzchen kannst du mit einem Nagelknipser entfernen, aber Vorsicht: Die Klingen sind extrem scharf!

Warum verfärben sich Nägel gelb?
In der Regel liegt das daran, weil sie zu lange mit einem stark gefärbten Nagellack behandelt wurden. Deswegen sollte man ja unter solchen Lacken einen schützenden Unterlack auftragen – so ein Produkt ist also nicht unbedingt nur Geldmacherei.

Wie entsteht ein eingewachsener Zehennagel?
Durch zu enge Schuhe – oder wenn man die Zehennägel an den Seiten beschneidet (anstatt nur oben und gerade). Eingewachsene Nägel sind extrem schmerzhaft und müssen von einem medizinischen Fußpfleger oder Fußspezialisten behandelt werden.

Nägel wie ein Profi lackieren

So gelingt es dir jedes Mal!

1 Die Hand auf eine feste Unterlage legen (Schreibtisch, Esstisch, Küchenarbeitsplatte) und den anderen Arm dort ebenfalls fest mit dem Ellbogen aufstützen.

2 Das Pinselchen in den Lack tauchen und überschüssigen Lack abstreifen, damit nichts tropft. Erst auf der einen, dann auch der anderen Seite des Nagels jeweils längs einen Pinselstrich auftragen. Diese beiden Aufträge dann mit einem mittigen Längsstrich verbinden. Um die Nagelspitze zu „versiegeln", pinseln Profis anschließend etwas Lack über die Nagelspitze und einen Hauch auf die Unterseite.

3 Jede Lackschicht gut trocknen lassen, dann erst die nächste auftragen. Zwischen jedem Auftrag möglichst 10 Minuten warten. Auf diese Weise trocknet der Lack quasi nebenbei. Mehrfache Schichten brauchen insgesamt wesentlich länger zum Trocknen.

4 Zum Abschluss eine Schicht Überlack auftragen. Macht zwar etwas Mühe und dauert noch mal, aber er verleiht dem Lack tollen Glanz und mehr Haltbarkeit.

5 Für Rechtshänder ist das Lackieren der rechten Hand manchmal etwas schwierig, aber: Übung macht den Meister! Bei Patzern keine Panik: einfach ein Wattestäbchen in Lackentferner tauchen und wegwischen.

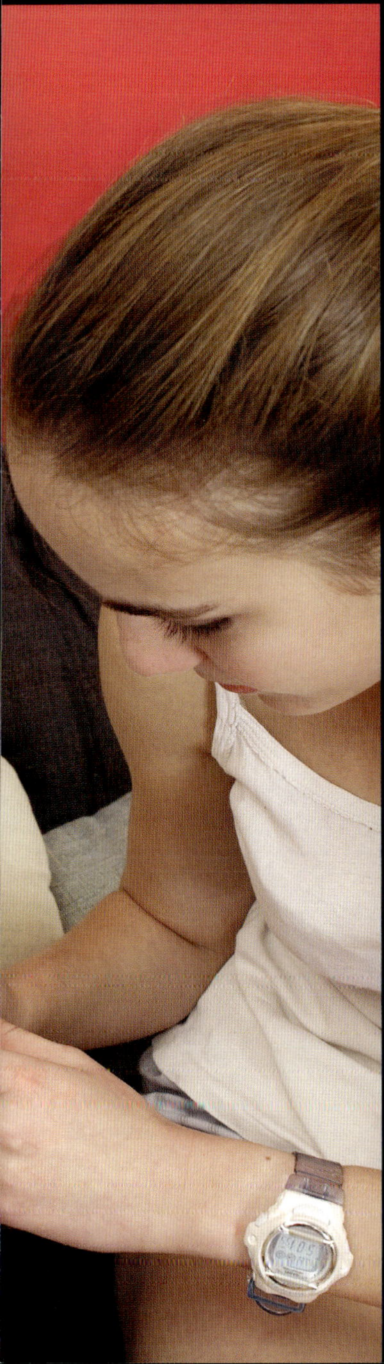

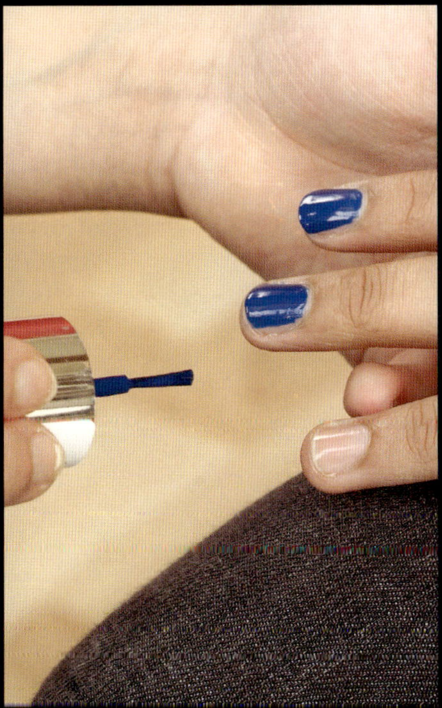

Maniküre – Schritt für Schritt

Hier die gründliche Variante – genau das Richtige für einen ruhigen Abend, oder wenn du dich selbst mal so richtig verwöhnen willst.

DU BRAUCHST:

Nagellackentferner
Wattebausch
Nagelschere
Nagelfeile
Nagelhautcreme
Schüssel mit warmem Wasser
Nagelhautschieber
Nagelhautschere
Handcreme
Klaren Ober- und Unterlack
Nagellack

1 & 2

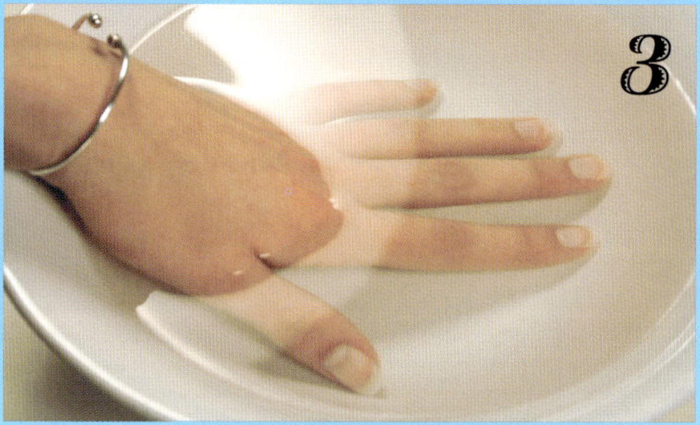
3

1 Alten Nagellack entfernen.
2 Nägel schneiden und in die gewünschte Form feilen.
3 Etwas Nagelhautcreme in das Nagelbett einmassieren, dann die Finger der Hand, die du gerade behandelt hast, zum Einweichen für ein paar Minuten ins warme Wasser tauchen.
4 Etwas Watte um die Spitze des Nagelhautschiebers wickeln, an den Nägeln haftende Nagelhaut lösen und zurückschieben. Aber behutsam – wenn du sie zu heftig zurückzwängst, kann sie einreißen und sich schmerzhaft entzünden. Längere Hautfetzen mit dem Nagelknipser abschneiden.
5 Sorgfältig Handcreme einmassieren.
6 Mit Seifenwasser über die Nägel waschen, um Reste von Handcreme und Nagelhautcreme zu entfernen.
7 Unterlack auftragen – um Unebenheiten auszugleichen, eine glatte Unterlage für den Lack zu schaffen und Verfärbungen zu verhindern.
8 Zwei Schichten Farblack aufpinseln, aber nicht über die Nagelhaut! Jede Schicht ein paar Minuten trocknen lassen. Zum Schluss mit klarem Überlack versiegeln.

Variante für Eilige

Wenn's mal schnell gehen soll:

* Alten Nagellack entfernen.
* Nägel schneiden und/oder in Form feilen.
* Neu lackieren – und fertig!

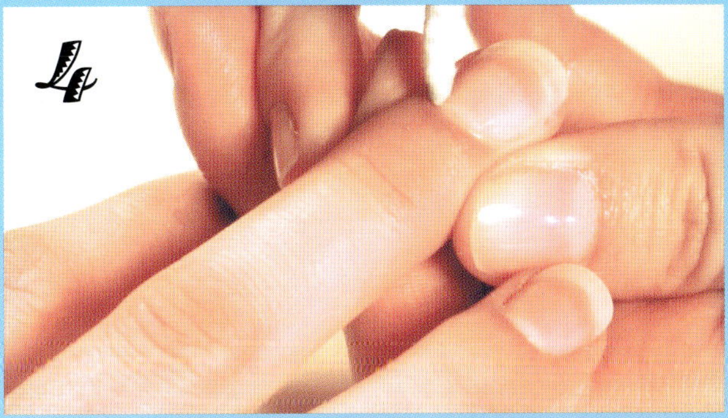

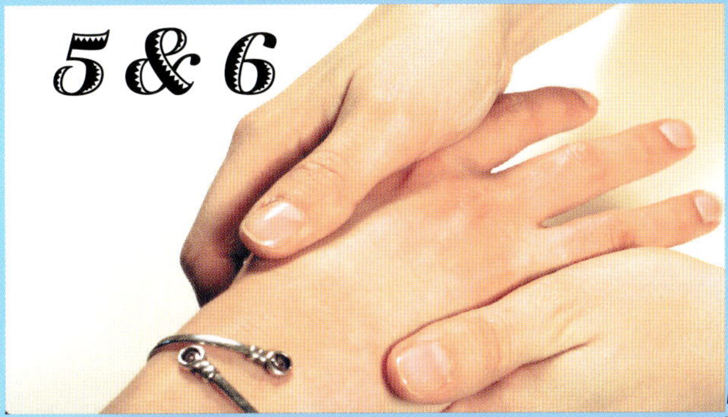

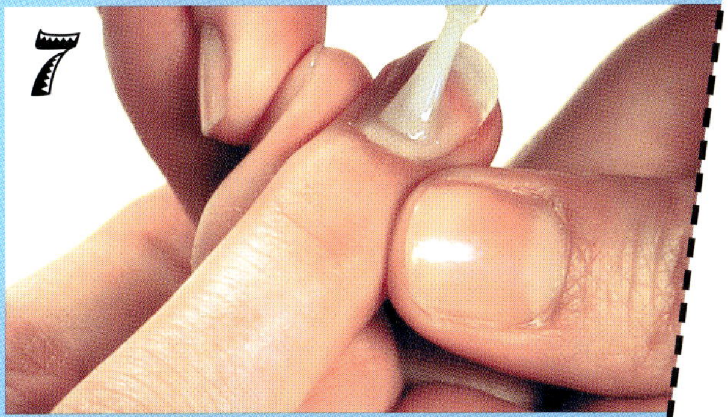

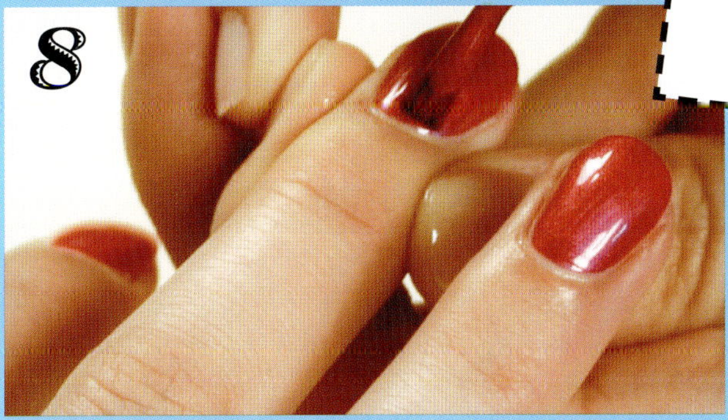

So bleiben Hände und Nägel länger schön

Eine Maniküre aus dem Nagelstudio hält eine gute Woche vor. So hält auch die Home-Made-Version:

* Täglich eine neue Schicht schützenden Oberlack auftragen.
* Nur mit Gummihandschuhen abwaschen, oder ...
* ... Hausarbeit verweigern! ;-)

SO ZERSTÖRST DU DEINE MANIKÜRE:

* Wasser. Hände nie zu lange im Badewasser oder im Spülbecken lassen.
* Mit den Nägeln irgendwo anstoßen.
* Nägel als Werkzeuge verwenden.

Tipp

Mit einem One-Coat- oder einem Express-Nagellack geht's besonders fix!

Pediküre – Schritt-für-Schritt

DU BRAUCHST:
Nagellackentferner
Wattebausch
Nagelschere
Nagelfeile
Nagelhautcreme
Schüssel mit warmem Wasser
Rubbelcreme für die Füße
Nagelhautschieber
Nagelhautschere
Fußcreme (oder Handcreme)
Zehenspreizer oder zwei Kosmetiktücher
Klaren Ober- und Unterlack
Nagellack

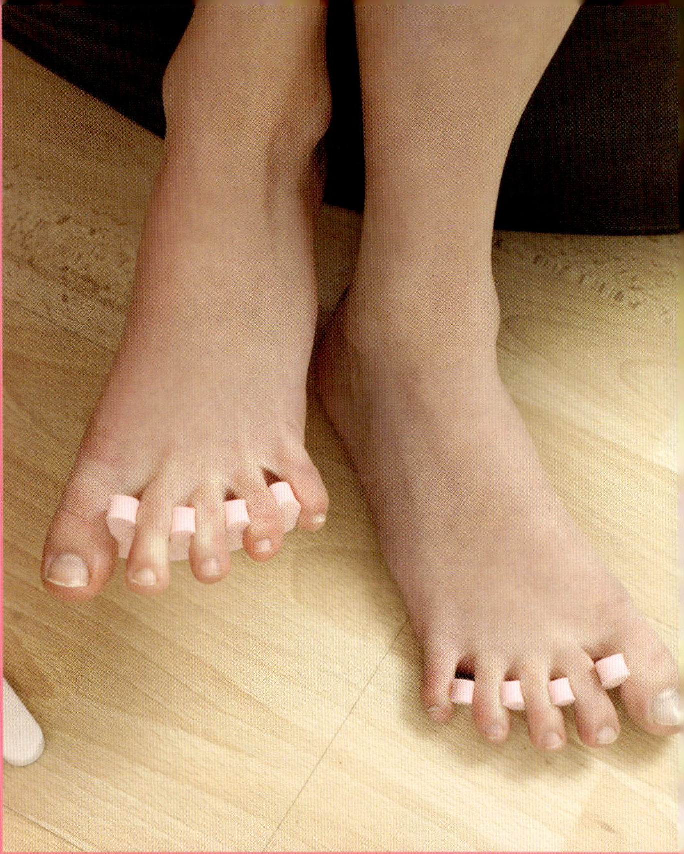

1 Alten Nagellack entfernen.
2 Zehennägel schneiden und glatt feilen. Nur gerade schneiden, nicht seitlich – sonst riskierst du eingewachsene Nägel und das tut höllisch weh.
3 Etwas Nagelhautcreme in die Nagelbetten einmassieren, dann den Fuß zum Einweichen für ein paar Minuten in das warme Wasser tauchen.
4 Etwas Watte um die Spitze des Nagelhautschiebers wickeln, an den Zehennägeln haftende Nagelhaut lösen und zurückschieben. Wie bei den Fingernägeln dabei behutsam vorgehen und hervorstehende Hautfetzchen mit dem Nagelknipser abschneiden.
5 Sorgfältig die Creme in die Füße einmassieren.
6 Mit Seifenwasser über die Zehennägel waschen, um alle Cremereste zu entfernen.
7 Zehenspreizer zwischen die Zehen klemmen oder ein Kosmetiktuch zu einer langen Wurst formen und zwischen den Zehen hindurchwinden. Auf diese Weise kann der Lack beim Trocknen nicht so leicht verschmieren.
8 Eine Schicht Unterlack, zwei Schichten Farblack und darüber Klarlack aufpinseln. Jeweils gut durchtrocknen lassen!

Variante für Eilige

* Einmal Unterlack, zweimal Farblack und einmal Klarlack auf die Nägel auftragen – egal, ob die Schichten rechts und links vom Nagel überstehen. Trocknen lassen und ins Bett gehen.
* Am Morgen die Füße dick mit Fußbalsam oder Fußcreme einreiben.
* Badewasser einlassen und mit einer alten Zahnbürste den überstehenden Lack entfernen. Er löst sich nun leicht von der Haut – und die Zehennägel wirken perfekt lackiert!

Himmlische Fußmassage

Wer gelenkig genug ist, kann sich selbst damit verwöhnen. Aber sich gegenseitig die Füße zu massieren ist viiiiel schöner! Wenn ihr euch genügend Zeit nehmt, könnt ihr die Füße vorher in warmem Wasser einweichen, vielleicht mit ein paar Tropfen Eukalyptus- oder Zitronengrasöl ...

1 Die Füße dehnen und strecken, dabei sanft nach vorne und hinten biegen. An den Knöcheln leicht drehen und zwischen den Handflächen kneten (und zwar VOR dem Auftragen von Öl, Creme oder Lotion).

2 Reichlich Bodylotion, Fußbalsam, Körperbutter, Handcreme oder was auch immer zum Massieren auf die Handflächen geben. Wer kein rutschiges Zeug mag, kann es mit Fußpuder probieren. Das flutscht zwar nicht ganz so gut, lässt aber die Finger trotzdem gut über die Haut gleiten.

3 Die Lotion oder Creme mit kräftigen Bewegungen in die Füße einkneten. Zunächst über den Fußrücken streichen, dann rings um die Knöchel und Fersen und die Fußsohlen verteilen. Wenn du jemanden massierst, frag nach, ob der Druck okay ist. Derjenige soll sich ja weder vor Schmerzen winden, noch sich kringeln, weil er vielleicht nur ein Kitzeln spürt.

Tipp

Nur dann kräftiger zudrücken, wenn darum gebeten wird. Füße – oder manche Stellen – können sehr empfindlich sein und niemand kann von vornherein wissen, wie es ein anderer am liebsten mag.

4 Als Nächstes in Richtung Fußspitze voranarbeiten, wobei diese zu dir zeigt – mit deinen Daumen auf dem Fußrücken und den übrigen Fingern auf der Sohle. Mit den Daumen zwischen den Fußknochen entlang fahren bis in die Vertiefungen zwischen den Zehen. Nicht zu heftig drücken!

5 Nun die Fußsohle auf und ab kneten. Dabei mit den Daumen mit kleinen kreisenden Bewegungen sanft in den Ballen hineinkneten, oder eine Faust ballen und die Knöchel vorsichtig über den Ballen und bis zur Fußmitte führen (Achtung, dort sind die meisten Leute sehr kitzlig!).

6 Sanft jede einzelne Zehe kneten und vom Ansatz bis zur Spitze behutsam daran ziehen. Anschließend auf die gleiche Weise den anderen Fuß durchmassieren. Alle Fett- oder Puderreste mit einem Handtuch abrubbeln. Zum Abschluss in jede Hand einen Fuß nehmen und ein paar Sekunden still halten.

Grüne Nägel!

Kann man coolen Nagellack haben und trotzdem umweltfreundlich sein?

Nagellack riecht ziemlich streng. Liegt das daran, dass er voller Chemie steckt?
Ja, das stimmt – aber er wird in so geringen Mengen verwendet, das er nicht gesundheitsschädlich ist.

Warum werden manche Lacke als „toluolfrei" bezeichnet? Was ist Toluol und ist es gefährlich?
Toluol ist eine chemische Substanz, die dafür sorgt, dass der Nagellack gleichmäßig haftet. Klingt gut – aber wenn man zu viel davon einatmet, kann Toluol gesundheitsschädlich sein. Ein echtes Problem ist das allerdings nur für Profi-Nagelpfleger, die dem Geruch den ganzen Tag auf engem Raum und bei schlechter Belüftung ausgesetzt sind.

Und was ist mit Aceton? Auf vielen Nagellackentfernern steht „acetonfrei" drauf. Ist dieses Zeug auch giftig?
Nein, aber es trocknet die Nägel aus, so dass acetonfreier Nagellack besser ist.

Wie finde ich heraus, ob ein Nagellack Toluol enthält?
Es wäre in der Inhaltsliste auf dem Behälter als Toluene, Benzene, Toluol oder Methylbenzene aufgeführt.

Gibt es überhaupt ökologisch unbedenklichen Nagellack?
Nein. Nagellack ist nun mal nicht beson-

ders gesundheitsfreundlich. Manche Lacke enthalten z.B. auch Formaldehyd, das bei Tieren Krebs auslösen kann. Derzeit werden Bio-Nagellacke auf Wasserbasis entwickelt; diese Produkte sind frei von den üblichen chemischen Lösungsmitteln, aber noch nicht überall erhältlich. Bis dahin bleibt nur eine Alternative: Nägel nicht lackieren, sondern nur mit einer Polierfeile zum Glänzen bringen.

Expertentipps

Jessica Hoffman ist eine der bekanntesten Nagelexpertinnen in Großbritannien – zu ihren Kundinnen zählen Promis wie Cate Blanchett, Kim Cattrall und Julia Roberts.

* So oft wie möglich Nagelhautöl verwenden – das hält die Nagelhaut wirklich weich und geschmeidig. Zur Not tut es auch mal Olivenöl.

* Falls du einen feuchtigkeitsspendenden Nagellackentferner verwendest, solltest du vor dem Neulackieren Hände bzw. Füße immer mit Wasser und Seife waschen. Solche Entferner enthalten pflegende Öle, so dass eventuell der Lack nicht so gut haftet.

* Überlack ist wichtig, weil er den Lack schützt, ihn rascher trocknen lässt und den Glanz länger erhält. Nach dem Lackieren ein Wattestäbchen in den Entferner tauchen und überstehende Lackreste an den Nagelrändern entfernen.

* Hornhaut an den Füßen lässt sich am besten wegraspeln, wenn sie nicht mit Wasser vollgesogen, aber auch nicht total trocken, sondern schön weich ist – also kurz nach dem Baden oder Duschen. Anschließend eine reichhaltige Creme einmassieren, besonders gründlich an den Fersen und den Fußballen.

* Beim Schneiden der Zehennägel immer in einer Ecke beginnen und gerade zur anderen hin schneiden. Die seitlichen Kanten des Nagelrandes sollten freiliegen, damit nichts einwachsen kann.

Wie man auf Fotos toll aussieht

Ich habe nichts dagegen, fotografiert zu werden. Aber wenn ich nett lächeln will und nachher total übertrieben aussehe, ist mir das peinlich.

Keiner will auf Fotos blöd aussehen. Also sperr dich in dein Zimmer ein und probier diese Ratschläge aus!

1 Wenn du nicht weißt, was du mit deinen Händen machen sollst, steck sie in die Taschen oder such dir etwas, das du halten kannst (den Arm einer Freundin, ein Tier, eine Tasche), worauf du sitzen oder wogegen du dich lehnen kannst. Verschränke die Arme nicht vor der Brust, weil das in der Regel abweisend aussieht – als ob du eine Mauer zwischen dich und die Kamera bauen wolltest.

1

2 Stell dich leicht schräg zur Kamera und dreh dich dann so, dass du in die Linse schaust. Das ist viel schmeichelhafter, als wenn du gerade vor der Kamera stehst.

2

3

3 Sag nicht „cheese“, sondern „brush“. Es zieht die Muskeln in deinem Gesicht nach oben und lässt dich fröhlicher aussehen.

4

4 Such dir jemanden, mit dem du posieren kannst. Zu zweit ist es einfacher, und jetzt kannst du auch die Arme verschränken – wenn ihr beide Rücken an Rücken steht und von der Seite in die Kamera lächelt.

5 Wenn dein Gesicht angespannt ist, und du weißt, dein Lächeln sieht künstlich aus: Blase die Wangen auf und roll die Augen (nicht auf dem Foto). Dann guck wieder normal – die Anspannung sollte jetzt weg sein.

Expertentipps

Vom berühmten Porträtfotografen Chris Dawes.

- Schau in den Spiegel und lächle. Sieht es normal, natürlich und fröhlich aus? Wenn nicht, versuch herauszufinden, wie du ohne zu lächeln fröhlich und selbstsicher aussiehst. Übe vor dem Spiegel.
- Lerne zu „projizieren", das heißt, deinen Charakter auf die Kamera zu übertragen. Sieh durch die Linse zu der Person dahinter und versuche, mit ihr zu kommunizieren.
- Deine Augen sagen immer viel mehr als ein Lächeln. Du musst mit den Augen immer genauso lächeln wie mit dem Mund. Wenn du grinst, aber immer noch böse in die Kamera starrst, sieht man das!
- Vermeide Fotos, die aus seltsamen Winkeln aufgenommen werden. Sieh die Kamera direkt oder leicht von der Seite an. So zeigst du das Gesicht, dass du auch im Spiegel siehst (nur spiegelverkehrt).
- Vermeide Licht von oben, was furchtbare Schatten unter die Augen und die Nase legt. Und halte keine Taschenlampe unter dein Kinn – außer du willst aussehen wie in einem Horrorfilm.

Molly

Jeder möchte toll aussehen – aber wie kriegt man das hin? Die Freundinnen um Rat fragen? Oder lieber Zeitschriften durchforsten? Oder sich Beauty-Tipps aus dem Internet holen? Auf diese Weise erfährt man zwar jede Menge – aber irgendwann schwirrt einem der Kopf von all den Informationen. Ich wollte so viel über Hautpflege und Make-up wissen, dass ich kaum mehr wusste, wo ich anfangen sollte.

Also fragte ich meine Mutter: Was macht man gegen Pickel? Was kann man mit einem Eyeliner bewirken? Was sollte man regelmäßig tun (und wie oft ist es wirklich notwendig)? Und was bietet sich an, wenn man einen experimentierfreudigen Tag hat?

Alice

Als meine Tochter Molly anfing, mich mit Fragen zu bombardieren, konnte ich ihr die meisten leicht beantworten. Ich bin Fachredakteurin für Schönheit und Gesundheit und nach vielen Berufsjahren weiß ich inzwischen recht gut, was funktioniert.

Mit der Zeit führte eine Frage zur nächsten: Was mache ich gegen Hautunreinheiten? Wie frisiere ich am besten meine Haare? Was ist gute Ernährung? Ich begann das alles aufzuschreiben und dabei entstand die Idee zu diesem Büchlein. Es soll vermitteln, wie man seine Haut richtig pflegt, was mit Make-up alles möglich ist und wie man stets gepflegt aussehen kann, ohne dabei Unmengen von Geld auszugeben oder den halben Tag dabei zu verlieren.

Wir hoffen, dass es alle deine Fragen beantwortet – und vielleicht noch mehr.

Danksagungen

Molly und Alice danken:

Dem brillianten Team von Walker Books: Denise Johnstone-Burt, die dieses Buch ruhig und geduldig zur Entstehung bebracht hat, Louise Jackson, die es so frisch und schön aussehen ließ, und Ellen Holgate für ihre harte Arbeit und ihren Humor.

Suki Dhanda für ihre großartigen Fotos, www.sukidhanda.com.

Louise Constad für ihre ruhigen Hände und ihr gekonntes Make-up, und Emilie Yong (und Mini),

www.beautyqueenworkshops.com;

Vanessa Chaudy für eine perfekte Maniküre;

Beth, Eliza, Emmie, Alex, Cat, Suki, Ifeoma, Rose, Nikki und Helena, weil sie so tolle Models waren, und wir sie mit zerdrückter Avocado, Bodylotion, Eyeliner und Haarfarbe bedecken durften;

Matthew und Robert, die es zu Hause ausgehalten haben, obwohl es dort mit noch mehr Make-up und Mädchenkram vollgestopft war, als sowieso schon;

Chris Smith, ohne dessen Ermutigung nichts zustande gekommen wäre;

Selfridges, dafür, dass die Mädchen in der Maske kichern durfte, wie sie wollten, immer von der Kamera verfolgt;

Und natürlich unserem Agenten, dem wunderbaren Simon Trewin.

Vielen Dank auch an die Experten, die uns ihre Zeit und ihre Ratschläge gegeben haben:

Susan Baldwin, head of colour, John Frieda, London, 020 7491 0840;

Dr. Susan Mayou, beratende Hautärztin, Cadogan Clinic, London, www.cadoganclinic.com;

Charlotte Vøhtz, Gründerin von The Green People Company, www.greenpeople.co.uk;

Jessica Hoffman, VIP-Nägelspezialist, John Frieda, London, 020 7491 0840;

Josephine Fairley und Sarah Stacey, Gründerinnen von www.beautybible.com;

Dr. Uchenna Okoye, kosmetischer Zahnarzt, www.londonsmiling.com;

Kate Cook, Ernährungs- und Lebensberaterin, www.thenutritioncoach.co.uk;

Danièle Ryman, Aromatherapeut, www.danieleryman.com;

Chris Dawes, Porträtfotograf, www.chrisdawes.com.

Disclaimer

Dieses Buch gibt keine medizinischen Ratschläge und ist nur für Informationszwecke gedacht.

In Zweifelsfällen fragen Sie Ihren Arzt oder Apotheker.

First published in *Be Beautiful: Every Girl's Guide to Hair Skin and Make-up* (2009) by Walker Books Ltd, 87 Vauxhall Walk, London SE11 5HJ This edition published 2011

Umschlaggestaltung: Stabenfeldt AS

Fotos © 2009 Walker Books Ltd
Fotos: Suki Dhanda
Illustrationen © 2009 Debbie Powell

Übersetzung: Suzanne Bürger

Herausgeber und Verlag:

© 2011 Stabenfeldt AB

GIRL:IT ist eine eingetragene Marke der Stabenfeldt AB

Redaktion und DTP/Satz: Larissa Pittelkow, Stabenfeldt GmbH

Oskar-Schlemmer-Str. 11, 80807 München

Printed in China 2011

ISBN 978-3-941443-39-6